Christoph Wagener

Die katholische Mutter

Glaube. Heimat. Liebe.

Aus Tagebüchern und Briefen
1938–2005

Meine Mutter wurde am 10. Mai 1913 in Attendorn, einer Stadt im Sauerland, als Josefine Zeppenfeld geboren. Den ersten Brief aus ihrem Nachlass schrieb sie 1938 im Alter von 25 Jahren. Ihr erster Tagebucheintrag ist vom November 1944, den letzten Eintrag machte sie 2005. Sie schrieb Briefe an ihren Verlobten, der im Gestapo-Gefängnis in Erfurt einsaß. Das Tagebuch beginnt mit dem Tod ihrer dreijährigen Tochter Bärbel. Meine Mutter schreibt bewegend, gelegentlich auch humorvoll, über die letzten Kriegsmonate, die Not der Nachkriegsjahre und die Erziehung ihrer Söhne.

Zeit ihres Lebens war meine Mutter gleichermaßen in ihrer Heimat und ihrem Glauben verwurzelt. „Die Erinnerung an meine Heimat ist so stark, dass sie mich zeitweise bestimmt." Das schreibt sie im Alter von 91 Jahren. Die Heimatliebe ist nicht ohne ihren Katholizismus und der Katholizismus nicht ohne ihre Heimatliebe zu verstehen. Beides zeigt sich in ihren Einträgen zu den Osterfeierlichkeiten in Attendorn. Im Alter von knapp 82 Jahren nahm sie das letzte Mal daran teil, sie schreibt: „Es kam ganz nahe an ein Märchen heran: so beglückend, so unwahrscheinlich schön!"

Christoph Wagener

Die katholische Mutter

GLAUBE. HEIMAT. LIEBE.

Aus Tagebüchern und Briefen
1938–2005

© Christoph Wagener
WOLL-Verlag Hermann-J. Hoffe, Schmallenberg
Lektorat: Dr. Carina Middel
Coverdesign und Satz: Vykintas Characiejus
Titelfoto und Foto Seite 3: Stadtarchiv Attendorn
Dokumente auf S. 107 und S. 114-117: Archiv der Gemeinde Reichshof
Alle anderen Fotos: Privatarchiv Christoph Wagener
Printed by CPI Books, www.cpibooks.de
1. Auflage November 2020

WOLL-Verlag Hermann-J. Hoffe
www.woll-verlag.de
ISBN 978-3-948496-13-5

WOLLVerlag

Inhaltsverzeichnis

Auf dem Weg

„Ich habe ein außerordentlich erfülltes Leben gehabt – in
Schmerzen nicht überbietbar und in der Freude nicht."

7. Mai 2004, Notiz auf einem Kalenderblatt

Meine Mutter mag 73, vielleicht 74 Jahre alt gewesen sein, als sie mir aus ihrem Tagebuch vorlas. Wir saßen in ihrer „Bauernstube", deren bäuerlicher Charakter sich mir nie ganz erschlossen hat. Der Begriff „Stube" grenzte das Zimmer vom Wohnzimmer ab, das zwar im Zentrum des Hauses lag, aber außer zu Festlichkeiten nur selten benutzt wurde. Vielleicht war die Bezeichnung „Stube" noch eine Reminiszenz an die bäuerliche Herkunft meines Vaters. In dessen Elternhaus gab es ein Wohnzimmer, das immer verschlossen war und über dessen Existenz ich erst bei der goldenen Hochzeit der Großeltern erfuhr. Das Leben spielte sich in einer „Stube" ab, so wie später bei uns. Die Mutter saß, als sie mir vorlas, auf ihrem Sitzmöbel aus Holz, nicht ganz Stuhl und nicht ganz Sessel, an dem kleinen runden Tisch, an ihrem Platz. Die Läden waren geschlossen. Die Stehlampe, das einzige Licht im Raum, beleuchtete die Kladde, in die sie den Text in ihrer exakten Handschrift mit schwarzem Kugelschreiber eingetragen hatte. Ich hatte mich zu ihr an „ihren Tisch" gesetzt.

Sie las aus ihrer Erinnerung an den Tag im Januar 1938, an dem ihr damaliger Verlobter und der spätere Vater ihrer Kinder, Will, Willy, Willi, im Langtext Wilhelm, von der Gestapo verhaftet wurde und ins Gefängnis kam. Er verbrachte mehr als sechs Monate in „Schutzhaft".

Diese Erinnerung hatte sie 1994 aufgeschrieben. Dass mein Vater in der Zeit des Nationalsozialismus im Gefängnis gesessen hatte, wusste ich. Für uns Kinder war er ein Widerstandskämpfer gewesen, im Gegensatz zu den Vätern der meisten Freunde. Deshalb hatten sich für mich weitere Nachfragen zu seinem Leben in der Zeit des Nationalsozialismus erübrigt. Die Mutter beschreibt in ihren Tagebuchnotizen ihre Isolation und die Anfeindungen in Beruf und Familie, denen sie während der Haftzeit meines Vaters ausgesetzt war. Sie hielt zu ihm, trotz aller Widerstände. Ihre Standhaftigkeit beeindruckte mich. Vielleicht, so dachte ich, trugen ihre Herkunft und ihre Religiosität zu dieser Standhaftigkeit bei.

Meine Mutter wurde am 10. Mai 1913 in Attendorn als Josefine Zeppenfeld geboren. Attendorn liegt im Sauerland, das Sauerland liegt in Westfalen, wenn auch am Rand. Seine geografische Randständigkeit bedeutet jedoch nicht, dass die Sauerländer hinsichtlich ihres Temperaments randständige Westfalen wären, im Gegenteil. Auf sie trifft zu, was Heine über die Westfalen schreibt:

„Ich habe sie immer so lieb gehabt,
die lieben, guten Westfalen.
Ein Volk so sicher, so fest, so treu,
ganz ohne Gleißen und Prahlen."[1]

Sicher, fest, und treu: Keine Frage, so war meine Mutter. Nur, sie war nicht nur Westfälin, sie war auch Katholikin. In der Gegend von Münster ist der Katholizismus unbedroht – Regionen mit Protestanten in der Mehrheit liegen meilenweit entfernt. Im Sauerland ist das anders. Wie ein Keil schieben sich die Katholiken zwischen die Protestanten im Nordwesten und die im Südosten. Die Katholiken in und um Attendorn kämpften an zwei Fronten – vermutlich hat diese Frontstellung den Katholizismus meiner Mutter besonders gefestigt.

Meine Mutter verbrachte die Kindheit bis zu ihrem sechsten Lebensjahr nicht bei Eltern und Geschwistern, sondern bei den Eltern ihrer Mutter. Die bewirtschafteten im Nebenbetrieb einen Hof mit Vieh und einem großen Garten. Haus und Hof lagen an der Straße Mühlhardt, in den Erzählungen der Mutter wurde „die Mühlhardt" geradezu verklärt. Ihre

Großmutter gebar 16 Kinder, von denen 12 überlebten. Ihr Mann, Anton Bock, hatte viele Talente. Er war Maurer und Imker, schrieb Gedichte und tat sich bei gesellschaftlichen Ereignissen als Sänger hervor. Er war eine distinguierte Erscheinung, mit Anzug und goldener Uhr an langer schwerer Goldkette. Diese seine Erscheinung kollidierte aber nicht mit dem ansonsten einfachen Leben. Seine Schlaraffia-Matratze tauschte er gegen den Strohsack ein, auf dem er vor Anschaffung der teuren Matratze geschlafen hatte. Im Sommer spielte sich das Leben in einer Laube im Garten ab. Dort wurde gestrickt, gehäkelt, genäht, erzählt, gesungen und gebetet. Die Großeltern waren tief religiös, vielleicht war dies eine Quelle für Mutters Glauben.

Meine Mutter starb im Juni 2009, den Nachlass bewahrten mein Bruder Peter und seine Frau Margot auf. 2009 hielt ich die Zeit des Nationalsozialismus für ein deutsches Kapitel, das weitgehend aufgearbeitet war. Damit, dass eines Tages identitäre und völkische Tendenzen unsere demokratische Gesellschaft bedrohen könnten, rechnete ich nicht. Das war ein Grund, weshalb ich mich dem Tagebuch der Mutter nicht weiter gewidmet hatte. Ein anderer Grund war mein Beruf, der viel Zeit in Anspruch nahm. Mit dem Erstarken rechter Tendenzen in Deutschland und Europa interessierte ich mich zunehmend für die Haltung meiner Eltern in der Zeit des Nationalsozialismus. Ich erinnerte mich wieder an den Abend, an dem mir meine Mutter aus ihrem Tagebuch vorgelesen hatte, an die Tatsache, dass mein Vater 1938 ein halbes Jahr im Gefängnis gesessen hatte. Wie war es dazu gekommen, welche Konsequenzen hatte das für die Eltern? Zusammen mit meiner Schwägerin und meinem Bruder sichtete ich den Nachlass der Mutter.

Darin fanden sich vier Hefte ihres Tagebuchs und einige Briefe. Auf dem Deckblatt des Tagebuchs „I Von 1944 bis 1947" ist die Zeile „TAGE-BUCH für" gedruckt, in die Zeile darunter hatte die Mutter handschriftlich hinzugefügt „meine Kinder". Ich denke, der Vermerk „für meine Kinder" gilt für alle vier Hefte, und er gilt für alle Kinder, also auch für mich, der ich erst 1947 geboren wurde. Die Briefe in ihrem Nachlass dokumentieren besonders einschneidende Ereignisse in ihrem Leben. Die sehr bewusste Auswahl der Briefe spricht dafür, dass auch sie für uns

Kinder bestimmt waren. Briefe und Tagebücher umfassen die Zeit von 1938 bis 2005, allerdings mit einigen Lücken.

Katholizismus und Heimatliebe bildeten das Fundament im Leben meiner Mutter, bis ins hohe Alter. In der Mitte ihrer siebziger Jahre begann sie, Gedichte in sauerländischer Mundart zu schreiben. Ein gedrucktes Buch mit ihren Gedichten schenkten wir ihr zum neunzigsten Geburtstag. Das erste Gedicht trägt den Titel „Heymot". Andere Gedichte handeln von den Osterfeierlichkeiten in Attendorn.

Am 10. Mai 2013 wäre meine Mutter 100 Jahre alt geworden. Zu diesem Anlass besuchte die Familie Attendorn, Mutters Heimatstadt. Damals hatte ich weder ihr Tagebuch noch ihre Briefe gelesen, deshalb hatte ich auch nicht darüber nachgedacht, was diese Stadt Besonderes hat, was das Gefühl meiner Mutter von „Heymot" ausmachen könnte. Nachdem ich ihr Tagebuch gelesen hatte, wollte ich es wissen. Mit Sybille, meiner Partnerin, fuhr ich noch einmal nach Attendorn. Früh am Morgen hatte ich einen Termin beim Stadtarchivar Otto Höffer im Städtischen Rathaus. Im Eingangsbereich des Rathauses hingen Dokumentationen zur Geschichte Attendorns in der Zeit des Nationalsozialismus und der unmittelbaren Nachkriegszeit. Themen, die auch im Tagebuch meiner Mutter eine wichtige Rolle spielten: „Das Verbot der freien Meinungs-äußerung", „Die Verfolgung der Kirchen", Fotos eines evangelischen und eines katholischen Pfarrers. Im Text zu den Fotos eine Tischrede Hitlers aus dem Jahr 1942: „Der größte Volksschaden sind unsere Pfarrer beider Konfessionen. Ich kann ihnen jetzt die Antwort nicht geben, aber alles kommt in mein großes Notizbuch. Es wird der Augenblick kommen, da ich mit ihnen abrechne ohne langes Federlesen. […] Wie der Hexenwahn beseitigt werden musste, so muss auch dieser Rest beseitigt werden." Die nächsten beiden Tafeln erinnerten an die Verfolgung der Juden und das Schicksal der Zwangsarbeiter. An der Stirnseite hingen Fotos und Berichte über die Bombardierung Attendorns am 28. März 1945 und die Explosion des Munitionsdepots im Rathaus am 15. Juni. Wie sich Attendorn seiner Vergangenheit stellt, beeindruckte mich.

Im Flur zum Dienstzimmer des Archivars hingen Bilder mit den Namen von Geschäftsleuten aus der Gegend von Attendorn, der Name

„Zeppenfeld" tauchte zwei Mal auf (es ist Josefines Mädchenname). Von Otto Höffer erfuhr ich, dass es sich bei den Zeppenfelds um eine Stammfamilie der Stadt handelt. Der berühmteste Attendorner Zeppenfeld ist derzeit der Opernsänger Georg Zeppenfeld. Er gehört zur Stammfamilie, zählt aber nicht zu meinen engeren Verwandten.

Nach dem Besuch im Rathaus machten wir uns auf den Weg, die Heimatstadt der Mutter zu erkunden. Als Erstes die Burg Schnellenberg, oberhalb von Attendorn gelegen, wuchtige Gebäude, furchteinflößend für Furchtsame. Auf der Fahrt in die Stadt kreuzten wir das Haus von Tante Grete, der besten Freundin der Mutter, in der Breiten Techt, Eternit-Platten machten das Haus nicht schmucker. Wir besuchten die katholische Kirche, den sogenannten Sauerländer Dom, namensmäßig kein Unikat, in Arnsberg-Neheim steht ein zweiter. Den Turm erwartet man hier im Sauerland nicht, auch wenn es das südliche Sauerland ist. Der Turmhelm ist nämlich eine Zwiebel, architektonisch korrekt ein zweifach gestufter Helm, 1783 in seiner heutigen Form errichtet. In der Kirche las der Lehrer einer gelangweilten Klasse von etwa zehnjährigen Mädchen und Jungen an den Stationen des Kreuzwegs Gebete vor. „Vergib uns unsere Sünden" etc., mehrfach wurden die armen Kinder mit armen Sündern gleichgesetzt, ein gemischtes Arme-Sünder-Publikum mit vielen Migranten. Die monotone Stimme des betenden Lehrers trug nicht zur frommen Einkehr der Schüler bei, im Gegenteil. Sie waren sichtlich gelangweilt.

Google-Bewertungen: „Sehr schöne Kirche", gefällt mir. „Das majestätischste Bauwerk des Sauerlandes", gefällt mir. „Eine tolle und schöne Kirche", gefällt mir.

Wir gingen weiter zum alten Markt, hinter uns der Sauerländer Dom, vor uns das alte Rathaus, jetzt Museum für Kunst- und Kulturgeschichte. Nach der Beschreibung auf der Website ist das 1350 errichtete ehemalige Rathaus „das älteste und südlichste Rathaus einer Hansestadt". Dahinter steht ein stattliches Gebäude, ehemals das Kaufhaus Cohn, ein Name, der uns später auf dem jüdischen Friedhof begegnete. Vom alten Markt aus flanierten wir durch Attendorns Gassen. Was auffiel: Obwohl es Freitagnachmittag war, waren nur wenige Menschen auf den Straßen, typisch sauerländisch sahen sie nicht aus. In der Stadt sind einige Häuser aus dem

18. Jahrhundert erhalten. Wir besuchten den jüdischen Friedhof mit den Gräbern der verstorbenen jüdischen Bürger Attendorns, neben Cohn weitere Namen: Ursell, Guthmann, Stern. Auf der Tafel „Die Verfolgung der Juden" im Rathaus Attendorns sind Namen von Mitgliedern der Familien aufgeführt. Zitat: „Viele von ihnen kamen in Konzentrationslagern ums Leben, wenige überlebten in England, USA, Australien und Israel." Der jüdische Friedhof ist gepflegt, man hat einen guten Blick auf den Sauerländer Dom.

Am Rande des städtischen Friedhofs befinden sich ein Ehrenmal und Grabstätten russischer Zwangsarbeiter. Das Ehrenmal schließt oben mit einem Stein ab, auf dem ein roter Stern und Hammer und Sichel abgebildet sind, auf dem Sockel eine Inschrift in kyrillischer Schrift. Auf den Grabsteinen überwiegend nur Todesdaten, die Geburtsdaten waren wohl uninteressant. Die Mehrzahl der Zwangsarbeiter starb 1942, als sie gerade aus der Sowjetunion deportiert worden waren, oder 1945, wahrscheinlich in Folge der Unterernährung. Auf dem Grabstein von Vera Werbitzkaja ist das Geburtsdatum aufgeführt. Sie starb im Alter von 23 Jahren.

In Maumke, einem Stadtteil von Lennestadt, unweit von Attendorn, besuchten wir eine weitere Begräbnisstätte für Zwangsarbeiter. Die Gräber liegen abseits am Waldrand, oberhalb des Dorfes, denn auf dem Dorffriedhof durften nur katholische Verstorbene beigesetzt werden. Wir fanden die Gedenktafel, die im März 2016 an der Hauptstraße im Tal aufgestellt worden war, „im Gedenken an die über 4.000 Frauen und Männer aus ganz Europa, die vom Naziregime im Zweiten Weltkrieg 1939–1945 im Gebiet der heutigen Lennestadt zur Zwangsarbeit verschleppt wurden". Gegenüber der Tafel, auf der anderen Straßenseite, befand sich das „Ostarbeiterlager Maumke" der Sachtleben AG. Allein in diesem Lager starben 96 Menschen aus der Sowjetunion, „durch die schweren Arbeitsbedingungen in der Meggener Grube, durch mangelhafte Ernährung, fehlende gesundheitliche Versorgung und brutale Behandlung". Als die Gedenktafel aufgestellt wurde, war der Krieg seit 72 Jahren vorbei.

Als wir später aus Attendorn herausfuhren, tauchte linkerhand ein Turm auf, der sich bei näherem Hinsehen als Minarett entpuppte, Teil einer Moschee mit der Inschrift DITIB. Der Islam gehört jetzt wohl auch zu Attendorn. Was hätte die Mutter dazu gesagt?

In der Kriegs- und Nachkriegszeit spielte im Leben meiner Mutter die sogenannte Jagdhütte, eine Holzhütte im Wald, eine ganz besondere Rolle. Wir machten uns auf den Weg, die Hütte zu suchen. Es war ein unwirtlicher Tag, Minustemperaturen bei scharfem Ostwind. Die Theorie zur Lage der Hütte, die auf meiner Erinnerung in Verbindung mit Google-Maps beruhte, erwies sich als falsch, nach zweistündiger Suche in Eiseskälte gaben wir auf. Am nächsten Tag fanden wir die Hütte eher per Zufall. Sie machte einen verwahrlosten Eindruck. Über der Eingangstür hing noch das Schild, das ich von meinen früheren Besuchen kannte: „Bin ich müd' vom Weltgebrause, find ich Ruh' in dieser Klause."

Die Reise nach Attendorn hat mich berührt, weil ich die Heimat meiner Mutter mit ihren Augen gesehen habe. Die Frage, ob Attendorn objektiv eine besonders schöne Stadt ist oder die Mittelgebirgslandschaft des Sauerlandes aus den Mittelgebirgslandschaften Deutschlands herausragt, erübrigte sich damit. Während und nach der Reise habe ich einiges über die neuere Geschichte Attendorns erfahren. Das hat mir geholfen, mich in die Zeit meiner Mutter hineinzuversetzen, ihr damaliges Umfeld besser zu verstehen.

Wir besuchten auch Rhein bei Morsbach im Oberbergischen Land, das Dorf der Kindheit und Jugend meines Vaters. Das großväterliche Haus steht noch, ragt noch immer in den Bürgersteig hinein, mit dem Fachwerk, wie ich es aus meiner Erinnerung kenne, schwarze Balken, weißer Putz. Den Stall, der sich in Richtung Tal anschloss, gibt es nicht mehr, er ist ersetzt durch einen Anbau. Durch ein Fenster sah ich Menschen an Fitnessgeräten. Aus dem Elternhaus meines Vaters ist ein Fitnesscenter geworden.

Die nächste Station der Reise war Reichshof, zu dem die Gemeinde Eckenhagen gehört. Kaiser Barbarossa (Friedrich I.) schenkte seinem Reichskanzler und Erzbischof zu Köln, Rainald von Dassel, am 1. August 1167 den Reichshof zu Eckenhagen, ein spärlich besiedeltes Bauernland, fernab von den großen Handelsrouten². Warum gerade dieses gottverlassene Stück Erde? Es waren wohl die reichen Silbervorkommen, die seinerzeit den Erzbischof von Köln lockten. Heute sind alle Minen stillgelegt, Silber aus den Silberminen mehrt nicht mehr das Einkommen der Bürger Eckenhagens.

In Eckenhagen war mein Vater von September 1945 bis Oktober 1949 Bürgermeister, nach Einführung der englischen Gemeindeordnung Gemeindedirektor. 1969 wurden im Rahmen einer Gebietsreform die bis dato selbständigen Gemeinden Eckenhagen und Denklingen zusammengeschlossen, Denklingen erhielt das Rathaus und Eckenhagen das Schulzentrum. Für die neue Kommune suchte man einen geeigneten Namen. Da kam Kaiser Barbarossas Schenkungsurkunde gerade recht. Die neue Gemeinde wurde auf den Namen Reichshof getauft.

Im Rathaus in Denklingen trafen wir Bürgermeister Rüdiger Gennies. Dank seiner Hilfe konnten wir Archivmaterial aus der Zeit einsehen, in der mein Vater die Verwaltung der Gemeinde leitete. Im Flur zum Büro von Bürgermeister Gennies Fotos der früheren Gemeindeoberen. Mein Vater war gleich zwei Mal dabei, einmal als Bürgermeister, dann als Gemeindedirektor. Sein Gesicht war hager, er blickte ernst. Von Denklingen aus ging es dann nach Eckenhagen.

Eckenhagen ist ein lebendiges Dorf mit vielen Fachwerkhäusern, manchmal mit Schiefer, gelegentlich mit Schieferornamenten. Im Zentrum, auf einer Anhöhe, die große evangelische Barockkirche, deren Turmhelm an Attendorns Sauerländer Dom erinnert. Beim Spaziergang durch das

Dorf ist der Wohlstand mit den Händen zu greifen, alles proper, die schwarzen Balken der Fachwerkhäuser frisch gestrichen, die weißen Zwischenwände frisch gekälkt. Wir machten uns auf den Weg zur (kleinen) katholischen Kirche. Oberhalb der Kirche ein gelb gestrichenes großes Doppelhaus aus den Dreißigerjahren. Dies ist mein Geburtshaus, wenn ich den Versicherungen meines älteren Bruders Peter Glauben schenke. Wir fuhren wenige Kilometer zum Blockhaus, 490 Meter hoch gelegen. Früher gab es hier eine Jugendherberge, ich sehe noch die dicken Spinnen in den Waschbecken vor mir. Von der Jugendherberge ist nur der rote Turm geblieben. Der Blick geht weit bis zum Rothaargebirge. Diese Landschaft hat mich geprägt, bis heute.

Wien war die letzte Station auf dem Weg zu meinen Eltern. In Wien haben sie die ersten Ehejahre verbracht, hier wurden zwei ihrer Kinder geboren, Bärbel und Michael. In ihrem Album hatte meine Mutter unter einem der Fotos notiert: „Im Garten unserer ‚Villa Luise' in Wien, Spohrstraße 2". Also machten wir uns auf zur Spohrstraße. An einem strahlenden Junitag fuhren wir mit der Tram nach Hietzing, einem Stadtteil mit viel Grün, zweistöckigen Häusern mit kleinen Geschäften, charmant, ein wenig verschlafen. Ich sah das Bild vor meinen Augen, meine Mutter erledigt mit zwei Kindern, Bärbel im Kinderwagen, Peter an der Hand, auf der Lainzer Straße den Einkauf. Von der Haltestelle gingen wir die Veitingergasse entlang. Wir überquerten Gleise, unmittelbar hinter dem Bahndamm zweigt die Spohrstraße ab. Die Enttäuschung: Auf der linken Straßenseite ungerade Hausnummern, auf der rechten Straßenseite der Bahndamm, ein Haus mit der Nummer 2 gibt es nicht, es hätte auch keinen Platz gehabt. Vorsichtshalber habe ich die Häuser Nummer 1 und Nummer 3 auf der anderen Straßenseite fotografiert. Was in Erinnerung bleibt: ein liebenswerter Stadtteil Wiens, der dem Mutter- und Familienglück keinesfalls abträglich gewesen sein dürfte. Zum Abschluss nahmen wir einen kalten Gespritzten beim Wambacher – einem typischen Wiener Gartenlokal. Ich stellte mir vor, wie die Eltern im Wambacher einen Gespritzten genommen haben, unbehelligt vom Krieg, der weit entfernt tobte.

Wir haben uns das Fotoalbum noch einmal angeschaut. Definitiv, unter dem Bild steht „Spohrstraße 2". Doch hinten im Album lagen einige lose Fotos, dazwischen eine Bescheinigung des Polizeipräsidenten in Wien zur Benutzung der Eisenbahn für Josefine Wagener. Wohnort: Wien XIII, Spohrstraße 3/1. Meine Mutter lag nicht ganz falsch damit, das Haus als Villa zu bezeichnen. Wie ist mein Vater als einfacher Soldat an eine solche Wohnung gekommen?

ANMERKUNGEN

1. Heinrich Heine, *Deutschland. Ein Wintermärchen*. Hoffmann und Campe, Hamburg 1844
2. Rüdiger Gennies, Hans Uwe Koch, Lothar Selbach, Helmut Dresbach, Kai Boenig, *Chronik – 850 Jahre Reichshof*. www.druckreif-medien.de 2017

Liebe in Zeiten der Willkür (1934–1938)

„Und das Ende – ob wir es in letzter, innigster Liebe vereint, als Mann und Frau erleben dürfen? Wie groß ist die Sehnsucht danach, wie flehentlich darum das Gebet!"

Brief von Josefine an Willi,
datiert „1938, erster Arbeitstag im neuen Jahr"

Herrn Willi Wagener
Erfurt
Polizeigefängnis.

13. Juni 1938

Mein lieber Willi!

Zunächst Dir innigen Gruß und Kuss. – Es ist bald gerade so, als wüsste einer nicht mehr um die Existenz des anderen. Seit Wochen höre ich kein Lebenszeichen von Dir ...

Es ist ja die bloße Ironie, zu fragen, wie es Dir geht. Nun ist der herrliche Sommer da – und welche Brautzeit verleben wir! Wie haben wir uns so gefreut! Ich darf gar nicht an all das denken. Ich bin so müde geworden und so mürbe, dass ich mich für jedes frohe Empfinden mit Gewalt aufrappeln muss. Denke einmal an meinen Beruf. Ich brauche die allerletzte Kraftaufwendung, um ihn zur Zufriedenheit des Chefs, so wie er es in all den Jahren an mir gewöhnt ist, auszufüllen – und das nun bald ein halbes Jahr. Ihm ist auch Deine Sache bekannt. Seit ich das weiß, fühle ich mich so geduldet. Wenn ich nicht ohnehin bald hier weg gehen würde, nähme ich noch eine andere Stelle an. Aber bei meinem Ehrgefühl kannst Du Dir vorstellen, wie ungern ich unter solchen Umständen hier wegging, zudem ich mit allen hier das allerbeste Einvernehmen habe. – Vielleicht wird doch noch alles gut, d.h. Du freigesprochen. Dann ist jeder Makel von dir genommen, auch in den Augen derer, die unter diesen Umständen ein bisschen schief auf uns sehen. Und wenn Deine Freilassung unter Amnestie erfolgte, so will ich auch dann von Herzen froh sein, denn ich habe Dich dann endlich wieder und wir können gemeinsam ein neues Leben bauen. Aber das wird auf einer Basis erfolgen, die uns nimmer zur Gefahr wird, denn zum zweiten Mal im Leben möchte ich diese Zeit nicht durchmachen ... Ich warte gern auf Dich, Will, und müsste es noch ein ganzes Jahr sein. Das Lied von deutscher Treue ist ja nicht nur eine Fabel. – Wäre nur erst diese Schreckenszeit vorbei ...

Anfangs glaubt ich zu verzagen,
Dachte, ich ertrüg' es nie.
Aber ich hab's doch getragen,
Frag' mich jedoch nur nicht – wie!

Nun möchte ich Dich bitten, mir doch einmal ein Lebenszeichen zu geben, bitte, bitte. Sonst wünsche ich mich beinahe unter die 35 Frauen, die gestern in der Möhne samt und sonders im Autobus ertrunken sind. Dies ist jedenfalls kein Leben mehr und ich möchte den Himmel und die Erde täglich von neuem bitten: Mach dieser Qual ein Ende. Wir wollen uns des Dankes würdig erweisen. –

Du, nun hab noch ein Weilchen Geduld. Ein Weilchen, sage ich, denn die Erlösung k a n n j a nicht mehr weit sein. Alles Gute Dir, mein Lieber. Halte dich noch tapfer, es wird bald alles gut werden.

Deine Finel, Deine Braut

Als Josefine diesen Brief schrieb, war ihr Verlobter bereits knapp sechs Monate im Polizeigefängnis in Erfurt, in „Schutzhaft", wie es hieß. „„Schutzhaft', keine Erfindung der Nationalsozialisten, klang harmlos, bedeutete aber polizeiliche Willkür und Entrechtung, oft auch Misshandlung oder Folter der Gefangenen."[1]

Was war geschehen? Vielleicht hilft das Fotoalbum weiter, in das die Mutter Fotos eingeklebt hatte, auf eine Weise, als hätte sie sie einer Schachtel entnommen, in der sie ungeordnet herumlagen. Die Bilder sind in loser Reihenfolge eingeheftet, teilweise beschriftet und mit Jahreszahlen versehen, die zeitliche Reihenfolge missachtend. Eine Unordnung, völlig untypisch für die Mutter. Trotz der Unordnung, das Album ist wie ein Kaleidoskop ihres Lebens.

Auf der ersten Seite fünf Bilder eines jungen Mannes, auf allen Fotos mit ernster Miene. Auf einem der Bilder steht er vor einem mit Ziegelstein ausgemauerten Fachwerkhaus, direkt vor einem großen Kaninchenstall. Die Beschriftung der Mutter: „Aus der Jugendzeit …" Auf der zweiten Seite vier Fotos von Josefine, dieselbe Beschriftung: „Aus der Jugendzeit …" Ein Bild gibt es in der Familie in mehrfacher Ausfertigung. Josefine mit gerollten Zöpfen, kurzärmeliger Bluse mit Brosche. Ihr Lächeln, vordergründig ein wenig neckisch, spricht eine klare Sprache. „Was ich will, das setze ich durch." Falls sich das Lächeln auf den Mann bezieht, der auf der Vorderseite abgebildet ist, dann sagt es: „Wenn ich dich will, lieber Will, dann wird mir das gelingen."

Auf den folgenden Seiten finden sich Fotos aus dem Jahr 1930, die ihren Willi als Kolpingbruder zeigen. Einmal vor dem Kolpingdenkmal in Köln, „mit Kolpings wandernden Gesellen", so die Beschriftung, und einem nicht näher benannten katholischen Geistlichen. Auf dem anderen Bild in einer Männergesellschaft, „neben Willi Dr. Nattermann, unser priesterlicher Freund". Ganz rechts steht ein weiterer Geistlicher, Dr. Wothe, ein Freund des Vaters, mein späterer Pate.

Dass die Fotos in dem Album gleich zu Beginn erscheinen, spricht dafür, dass sie der Tatsache große Bedeutung beimaß, dass es sich bei dem Mann, in den sie sich verliebte, um einen Katholiken handelte, der sich im Umfeld der Kolpingsfamilie bewegte. Sie hatte Glück, dass der Geliebte selbst kein Priester war. Für den hätte das Zölibat gegolten. Zölibat bedeutet: Heirat ausgeschlossen.

Dass die Mutter bereits auf der dritten und fünften Seite des Fotoalbums Bilder ihres späteren Verlobten aus seiner Zeit beim Kolpingwerk eingeklebt hatte, hat seinen Grund. Ohne die Kolpingsfamilie hätten sie sich wahrscheinlich nie kennengelernt. Die in der Familie verbreitete Geschichte geht so: Willi war beim Kolpingwerk in Köln tätig und hielt in Attendorn, Josefines Heimatstadt, einen Vortrag. Josefine sah den feschen Kolpingsohn, hörte ihn und verliebte sich. Sofort stand für sie fest: Der ist es. Sie übernahm die Initiative, so die Familiensaga. Wenig später fuhr Josefine mit dem Fahrrad knapp 100 km nach Köln und besuchte ihn dort, so der zweite Teil der Familiensaga.

1934 war der spätere Verlobte 23 Jahre alt. Seit 1930 war er Mitarbeiter im Generalsekretariat der Deutschen Kolpingsfamilie in Köln. Der Katholische Gesellenverein, im September 1933 in „Deutsche Kolpingsfamilie" (DKF) umbenannt, war die Antwort der katholischen Kirche auf den Marxismus. Die Einführung zu Christian Feldmanns Buch „Adolph Kolping" ist überschrieben: „Der verrückte Konkurrent von Karl Marx". Im Frühjahr 1849 hielt Dr. Karl Marx, Chefredakteur der Neuen Rheinischen Zeitung, einen Vortrag im Kölner Gürzenich, der Saal war überfüllt. Ebenfalls im Frühjahr 1849 sprach Adolph Kolping in der Kolumbaschule in Köln vor sieben Zuhörern. Die Einschätzung der gesellschaftlichen Verhältnisse lag bei Marx und Kolping nicht weit auseinander. „Unsere heutige Industrie", wird Kolping zitiert, „ist raffinierter kalter Egoismus, wie er kaum schlimmer in der Welt gewesen, und dieser übt maschinenartig eine Tyrannei auf Herren und Knechte aus. [...] Das Kapital errichtet Magazine, deren Inhaber nie im Schweiße des Angesichts ihr Brot verdient, das Geld hat's getan für sie, und in diesen Magazinen liegen Tausende verarmte Bürger aufgestapelt, die vom Kapital so abhängig sind, dass unter Umständen ihr Los noch schlimmer ist als das Los des Sklaven."[2]

Die Ideen der Kolpingsfamilie haben Wilhelm geprägt, doch muss bei ihm auch die Bereitschaft vorausgesetzt werden, sich diesen Ideen zu öffnen. Die Ziele der Kolpingsfamilie müssen Josefine bekannt gewesen sein, wahrscheinlich waren sie ihr wichtig, sonst wäre sie nicht zum Vortrag des Mannes gegangen, der später ihr Verlobter, Ehemann und der Vater ihrer Kinder wurde. Die gemeinsame religiöse Basis war da, ohne diese Basis hätte der Funke bei der katholischen Westfälin nicht nur nicht überspringen können, er hätte sich gar nicht erst entzündet.

Irgendwann zwischen 1935 und 1937 müssen sich die beiden verlobt haben. Damit stand fest, dass sie heiraten wollten.

Anfang 1938 schrieb Josefine ihrem Kolping-Verlobten einen Brief, in dem sie an ihrem Wunsch keinen Zweifel aufkommen lässt.

1938, erster Arbeitstag im neuen Jahr

Mit unsagbar leichtem und frohem Herzen begannen wir beide, Du und ich, das neue Jahr. Die Fortsetzung wird in erster Linie aus intensiver, vielleicht sogar sehr mühevoller Arbeit bestehen. – Und das Ende – ob wir es in letzter, innigster Liebe vereint, als Mann und Frau erleben dürfen? Wie groß ist die Sehnsucht danach, wie flehentlich darum das Gebet! Wir wollen nun unserer neuen Arbeit, unserem gemeinsamen Streben diese eine Zielrichtung geben: bald für immer Hand in Hand zu legen, Körper und Geist zu der großen, Gott gewollten Einheit zu verbinden. – Das walte Gott.

Am Ende dieses Briefes steht in der typischen, klaren, rechtsgeneigten, symmetrischen und beherrschten Handschrift meines Vaters: „Verhaftung 28/I.38"

Wusste Josefine, warum ihr Will einsaß? In den drei Briefen an den Verlobten aus ihrem Nachlass lässt nur ein Satz erahnen, worum es ging.

13. Juni 1938

Wir müssen und wollen in Zukunft klar unterscheiden, dass religiöse und konfessionelle Vereinstätigkeit in das Gebiet des geistlichen Berufes, der Seelsorge gehören.

Das klingt wie eine versteckte Aufforderung, dass ihr Will religiöse Angelegenheiten in Zukunft der Seelsorge überlassen soll. Das schreibt Josefine 1938 einem Mann, der sich in seinem Verein in der Vergangenheit um Berufspolitik gekümmert hatte, um Handwerker in der Zeit ihrer Gesellentätigkeit. Der Brief ging ins Gestapo-Gefängnis nach Erfurt, Josefine konnte sicher sein, dass er von der Gestapo gelesen wurde. War die Formulierung für die Gestapo oder ihren Verlobten bestimmt, vielleicht für beide? Mit der Vereinstätigkeit spielt Josefine auf die Tätigkeit ihres Will beim Kolpingwerk an. Doch was hatte er sich dort zu Schulden kommen lassen? Im Kolpingwerk in Köln gibt es nicht viele Hinweise auf die Tätigkeit von Wilhelm Wagener, das Archiv wurde im Krieg völlig zerstört. Aber einen Hinweis zu seiner Verhaftung gibt es doch, und zwar in einem Buch über den katholischen Gesellenverein im dritten Reich. Der Vater und ein Kollege hatten sich auf Einladung von Adolf Bolte, dem späteren Bischof von Fulda, im Eichsfeld „zu Schulungszwecken" aufgehalten. Nach den ersten Versammlungen wurden die beiden Referenten „heimlich" verhaftet. Erst Wochen später erfuhr Bolte, dass die Gestapo sie im Polizeigefängnis in Erfurt gefangen hielt. Der eigentliche Grund für die Verhaftung wird vom Autor nicht genannt, wahrscheinlich war er auch ihm nicht bekannt, doch die Kapitelüberschrift gibt zumindest einen Hinweis: „Die Zerschlagung lokaler und regionaler Verbände"[3].

Zwei vom Vater verfasste Schriftstücke sind der Vernichtung entgangen. Beide Artikel waren in der Zeitschrift „Der Führer" erschienen. Den Titel führte die für die Leitungskräfte des Verbandes bestimmte Zeitschrift seit dem 1. Januar 1914. Dass ein katholischer Verein den „Führer" vorweggenommen hatte, konnte die NSDAP nicht dulden. Deshalb musste der Titel 1936 geändert werden, ab dann hieß die Zeitschrift „Erbe und Aufgabe".

Die Einleitung zu dem Artikel aus dem Jahr 1934 schmeichelt Willy: „Das Rundschreiben des Diözesanseniors und -führers der KWG, Kolpingbruder Willy Wagener, Köln […] ist in der Form der Abfassung als auch in der Sprache vorbildlich. Wir drucken es ab zu Lehr und Nutzen."[4]

Der Vater war also Diözesansenior und -führer der KWG. Für diejenigen, die sich im Katholizismus weniger auskennen: Die Diözese untersteht einem Bischof, die geläufigere Bezeichnung ist Bistum. KWG bedeutet „Kolpings wandernde Gesellen", so hieß die Jugendorganisation damals. In seinem zweiten Schreiben nennt der Vater die Gruppe auch Jung-Kolping, ein weniger verstaubter Name. Das Schreiben richtete sich an die Gruppen- und Bezirksführer der Jugendorganisation. Der Vater erinnert an den Münchener Gesellentag und spricht von einer „Gemeinschaft in Front". 1934, schreibt er, sei der Kampf bitterer geworden, doch der Kampf habe die Organisation nicht kleiner, sondern größer gemacht. „W i r h i e l t e n a u s !" heißt es dann, in gesperrter Schrift.

Was meinte er mit einer „Gemeinschaft in Front"? Welche Front, Front gegen wen? Der Gesellentag sollte vom 8. bis 11. Juni 1933 in München stattfinden, die konkreten Planungen waren im Vorjahr begonnen worden. Die Verantwortlichen hatten dem Treffen das Motto „Gott und Volk – Volk und Stand – Stand und Staat" gegeben. Das konnte den Nazis nicht passen. Für sie hatte das Volk mit Gott nichts zu tun, und eigenständige Stände wie der katholische Gesellenverein untergruben den Führungsanspruch der NSDAP. Auf der Straße dominierten die Uniformen von SA und SS, andere Uniformen waren unerwünscht. Als klar wurde, welchen Zulauf die Veranstaltung hatte, schrillten bei den Mitgliedern der Partei die Alarmglocken. Allein für deutsche Teilnehmer waren fast 25.000 Fahrkarten nach München ausgegeben worden, hinzu kamen viele Teilnehmer aus dem Ausland. Man befürchtete die Machtdemonstration einer katholischen beruflichen Organisation, und das in München, der „Hauptstadt der Bewegung". Die von Reinhard Heydrich geleitete Bayerische Politische Partei verbot dann auch den Gesellentag sechs Tage vor seinem Beginn, mit absurd fadenscheinigen Begründungen. Es war jener Heydrich, der später mit der „Endlösung der Judenfrage" beauftragt werden sollte. Der Innenminister Bayerns erklärte sich im letzten Augenblick dann doch noch bereit, die Veranstaltung zu genehmigen, „wenn jegliches öffentliches Auftreten, Aufmarschieren in geschlossenen Gruppen vermieden werde und die Fahnen nur eingerollt getragen würden"[5]. Doch obwohl sich die Teilnehmer an diese Vorgaben hielten, ging die SA im Verlauf der Veranstaltung immer massiver gegen die Teilnehmer vor. SA-Leute rissen ihnen Vereins- und Festabzeichen ab, „einzelne Gesellen wurden mit Gummiknüppeln niedergeschlagen". Schließlich setzte Heydrich die Teilnehmer dadurch ins Unrecht, dass er auf einer Festveranstaltung kurz nach der Festrede des Vizekanzlers von Papen mit sofortiger Wirkung das Tragen von Kolpinghemden verbot. Die Teilnehmer waren in einer Festveranstaltung, wie sollten sie an zivile Hemden kommen? Sie waren „den wartenden SA-Kommandos als Freiwild ausgeliefert"[6]. Die SA hatte es besonders auf die Jugendorganisation abgesehen. Aufgrund der Attacken der SA wurde der Gesellentag vorzeitig beendet.

Die klare Sprache in dem 1934 gedruckten Artikel erstaunt. Immerhin hatte die katholische Kirche eine Wende vollzogen, nachdem die

Zentrumspartei am 5. März 1933 dem „Gesetz zur Behebung der Not von Volk und Reich", dem sogenannten Ermächtigungsgesetz, zugestimmt hatte. In einer Erklärung der Fuldaer Bischofskonferenz, die vier Tage nach Inkrafttreten des Ermächtigungsgesetzes veröffentlicht wurde, relativierten die Bischöfe die zuvor kritische Position der katholischen Kirchen gegenüber dem nationalsozialistischen Regime deutlich. Der Vater war in der Kolpingsfamilie für den Nachwuchs verantwortlich. Doch gerade hier setzten die neuen Machthaber an. Ihnen ging es vor allem darum, die Jugend für sich zu gewinnen, dass der NS-Jugendverband den Namen Hitlers trug, war kein Zufall. Bereits kurz nach der Machtergreifung war das Regime gegen katholische Jugendverbände vorgegangen. Schriftenmaterial war beschlagnahmt, Bankkonten gesperrt und Geschäftsstellen geschlossen worden[7]. Himmlers Erlass vom 23. Juni 1935 verschärfte die Situation weiter. Konfessionellen Jugendverbänden wurde jede Betätigung, die nicht kirchlich-religiöser Art war, verboten. Der Gestapo wurde damit ein Mittel in die Hand gegeben, auch rein gesellige Veranstaltungen als Übertretung rechtlicher Bestimmungen zu ahnden. Innerhalb der Kolpingsfamilie fürchtete man, dass die Aktivitäten der Jugendorganisation zu einer unmittelbaren Gefahr für den gesamten Verband werden könnten. Um einen Wandel zu erzwingen, wurden Jung-Kolping keine Finanzmittel mehr bereitgestellt, der Leiter der Jugendorganisation, ein Freund des Vaters, wurde 1937 entlassen.[8]

In dieser für den Nachwuchs bedrohlichen Situation versuchte der Vater 1936, sich der Entwicklung entgegenzustemmen. Dabei bediente er sich einer Sprache, die der gängigen Sprache des Regimes verdächtig ähnelte. Schon wie häufig das Wort „Volk" vorkommt, irritiert. „Wer so tief Anteil nehmen durfte an dem Werden und Wachsen der KWG wie der Schreiber dieser Zeilen, [...] dem begegnet in jedem echten KWG-er in seiner Haltung und in seinem Wollen der Träger der Kolpingsfamilie von Morgen, der deutsche Mensch der Zukunft unseres Volkes in der Familie Gottes." So auch in weiteren Formulierungen: „Der Umbruch der Zeit hat eine Bewegung hineingebracht, hat wieder dem gesunden Leben zum Durchbruch verholfen, das die Vergangenheit, das Gestern einengte und vernachlässigte. Wir bejahen das Neue, das auf die gesunden

Urquellen zurückgreift."[9] Was den Vater allerdings von den Nationalsozialisten unterscheidet: Der deutsche Mensch verbleibt in der Familie Gottes. Der Artikel irritiert. Das Schreiben von 1934 sprach eine andere Sprache, und Josefine wusste Mitte 1934 um die Gefährdung ihres Geliebten. 1945, in der Kirche in Eckenhagen, erinnert sie sich.

Oktober 1945

Ich kann mich noch genau entsinnen, wie [ich, C. W.] inniglich an diesem Morgen für meinen jetzigen lieben Mann gebetet habe. Wir kannten uns zwar kaum, aber ich wusste ihn doch immer in Gefahr, war er doch sehr aktiv in der Jugend und im kath. Gesellenverein tätig.

Um Zielrichtung und Ton des zweiten Schreibens zu verstehen, muss man den Mentor des Vaters kennenlernen, den Generalsekretär und späteren Reichspräses des katholischen Gesellenvereins, Dr. Johannes Christian Nattermann. Nattermann war nach dem Krieg häufig Gast im Elternhaus, er füllte den Raum, nicht nur aufgrund seiner Größe und stattlichen Gestalt. Seine Stimme erinnert an die Überschrift eines Artikels zu Unternehmensvorständen: „Der Bass der Bosse." Sein Bass trat besonders in Erscheinung, wenn er sang, und das tat er gelegentlich ganz spontan. Der Freund des Vaters hatte eine besondere Aura. Auf einem der Fotos aus dem Album der Mutter stand Nattermann neben dem Vater. Auch seine Besuche im Elternhaus zeigen, dass er dem Vater eng verbunden war.
Nattermann war 1920 im Alter von 31 Jahren zum Generalsekretär des katholischen Gesellenvereins berufen worden. Er war ein ausgesprochen politischer Mensch, der das Vereinsleben bis zu seiner Beurlaubung im Jahr 1934 maßgeblich prägte. Vor der Machtergreifung war er ein erklärter Gegner der NSDAP. Als Beispiel ein Zitat aus einer Rede von 1930: „Wer ausgerechnet seine eigene Rasse in ihrer Blutzusammensetzung als die erste Rasse in der Welt erklärt, der kommt mir beinahe so vor, wie irgendein Gockel in Tuntenhausen, der keine Konkurrenz auf seinem Misthaufen gelten lässt."[10] Doch nachdem Hitler auf legalem Weg Reichskanzler geworden war, änderte er seine Strategie, jetzt hieß es: „Wir

bauen mit". Mit einigermaßen fragwürdigem diplomatischem Geschick versuchte er, ein Einvernehmen zwischen Regime und Kolpingsfamilie herzustellen. Dem Münchener Gesellentag, den Nattermann maßgeblich mitgestaltet hatte, wurde von Kritikern „pseudo-kultisches Pathos unter wehenden Hakenkreuzfahnen" attestiert. Man habe versucht, im Vokabular des dritten Reiches katholisch zu reden.[11] Und wenig später legte Nattermann nach: „Die Deutsche Kolpingsfamilie sieht in der Entwicklung der neuen Zeit nicht einen bloßen Regierungswechsel, sondern viel mehr das Wachwerden eines neuen Lebensgefühls."[12] Nattermann wurde 1934 beurlaubt, der Vater war aber noch bis zu seiner Verhaftung im Januar 1938 im Kolpingwerk Köln tätig. Die beiden verband eine lebenslange Freundschaft. Deshalb wird der Vater auch nach Ausscheiden seines Mentors zunächst dessen Linie beibehalten haben.

Auf dem erwähnten Foto war neben Nattermann ein weiterer Priester abgebildet: Franz-Josef Wothe, wie der Vater Diözesanführer in Jung-Kolping. Er promovierte mit einer Arbeit zu Adolph Kolping, während des Krieges war er Vikar und Pfarrer in Danzig. Franz Josef-Wothe gab 1934 ein Buch heraus mit dem Titel „Die Kirche im deutschen Aufbruch", auf dem Deckblatt in einer von den Nationalsozialisten bevorzugten Fraktur-Schrift gedruckt.[13] Sein eigener Beitrag beginnt mit einem Zitat von Karl Barth. Dies ist gleich mehrfach bemerkenswert. Karl Barth war Protestant. Aber nicht nur das, er vertrat linke Positionen und war Mitbegründer der bekennenden Kirche, die sich gegen die Nationalsozialisten gestellt hatte. In seinem Beitrag betont Wothe dann auch die christliche Grundlage des Staates.[14] In dem Büchlein findet sich aber auch der Beitrag von Robert Grosche, „Reich, Staat und Kirche", mit einer gefährlichen Nähe zur Ideologie des Nationalsozialismus.[15] So heißt es dort, der deutsche Staat dürfe nicht versuchen, Nationalstaat zu sein. Er müsse „in seiner eigenen Struktur die Form des Reiches haben. Dies impliziere, „daß der deutsche Staat selbst in einer Ordnung sich aufbaut, die ihrer Natur nach erweiterungsfähig ist und über die Grenzen des deutschen Siedlungsraums hinausweist."

Nach dem Krieg war auch August Winkler Gast der Eltern. Meinen ersten Kontakt zu ihm hielt die Mutter in ihrem Tagebuch fest:

Wir haben Herrn Winkler aus München zu Besuch. Christoph mustert ihn eingehend. Dann sagt er: „Onkel, dir ist ja der Kopf durch die Haare gewachsen."

August Winkler, langjähriger Reichssekretär des Katholischen Gesellenvereins, war von 1930 bis zu ihrer Auflösung im Jahr 1933 für die Zentrumsfraktion Mitglied des Reichstags. Von 1954 bis 1961 saß er für die CSU im Landtag Bayerns. Auch er war vor der Machtergreifung ein entschiedener Gegner der Nationalsozialisten: „Wir haben im Katholischen Gesellenverein nicht nötig, uns vom Hakenkreuz her ‚nationalen Schwung' zu holen. Nicht im Braunen Haus zu München, sondern aus dem Kolpingwerk in Köln kommt unsere nationale Kraft".[16] Auch er hatte die von Nattermann herausgegebene Unvereinbarkeitserklärung unterstützt, die eine Mitgliedschaft im katholischen Gesellenverein und in der NSDAP ausschloss. Als dann aber am 31. Juli 1932 die NSDAP 37,1 % der Stimmen gewonnen hatte, wäre er das „kalkulierte Risiko" einer Koalition der Zentrumspartei mit der NSDAP eingegangen[17]. Auch Winkler wollte durch Kooperation mit dem Regime Ziele der Kolpingsfamilie durchsetzen. Auf dem Münchner Gesellentag hatte er das ursprüngliche Thema seines Vortrags „Stand und Staat" in „Es wird das Reich" geändert.[18] Nattermann, Wothe, Winkler – Freunde aus der Zeit der Kolpingsfamilie –, jeder versuchte auf seine Weise, sich mit dem neuen System zu arrangieren, wahrscheinlich in der Hoffnung, die Essenz der katholischen Lehre zu bewahren. Doch die Annäherung an das totalitäre Regime stellte sich als schwerer Fehler heraus.

❧

Vielleicht stand Josefines Verlobter schon länger unter Beobachtung der Gestapo. Ein Anlass könnte der „deutsche Gruß" gewesen sein. Ob Personen den Gruß anwandten oder nicht, wurde von der politischen Polizei genau registriert. Gerade im katholischen Milieu gab es Widerstände gegen den Hitlergruß. Das „Grüß Gott" aus Bayern ist jedem geläufig. Dass es damals aber auch den Gruß „Treu Kolping" gab, ist nicht allgemein bekannt. Der Gruß „Treu Kolping" mit der Antwort „Kolping treu" wurde 1930 von der Generalversammlung der katholischen Gesellenvereine beschlossen, vier Jahre, nachdem der Gruß „Heil Hitler" Pflicht in der NSDAP wurde. Es liegt nahe, dass dies ein bewusster Akt gegen den „deutschen Gruß" war. Vermutlich grüßte Josefines Verlobter mit „Treu Kolping" statt mit „Heil Hitler".

Man stelle sich die Situation des Verlobten vor, als er im Januar 1938 „zu Schulungszwecken" ins Eichsfeld gefahren war. Wen er schulte, wissen wir nicht. Was einem Nichttheologen offiziell zu schulen übrig blieb, war nicht viel. Gesellige und berufspolitische Äußerungen waren verboten, und die religiöse Erziehung war nicht sein Metier. Wenn Willi sich allerdings an diese Linie gehalten hätte, hätte er seine Mission in der Jugendarbeit aufgeben müssen. Zudem war er ein Mann von Überzeugungen, Taktieren lag ihm nicht. Ihm konnte jede religionsbezogene Äußerung zum Verhängnis werden.

Auch Josefines Lage war wenig hoffnungsvoll. Ihr Verlobter war seit dem 28. Januar 1938 spurlos verschwunden, erst Wochen später erfuhr sie, dass er im Gestapogefängnis Erfurt inhaftiert war. Hitler war auf dem Zenit seiner Macht, am 13. März marschierten deutsche Truppen in Österreich ein, am 10. April stimmten 99,75 % der Österreicher und „Altreichsdeutschen" für den Anschluss. Über Plätzen und Märkten wehte das Spruchband „Ein Volk, ein Reich, ein Führer".[19] In diesem großdeutschen Begeisterungstaumel der Bevölkerung stand die Mutter allein. Sie schrieb dem Verlobten Briefe ins Gefängnis.

Februar 1938

Mein lieber, lieber Will,

Zunächst Dir tausend herzinnige, liebe Grüße. – Heute vor genau einer Woche hörte ich das letzte von Köln. Dann habe ich am Mittwoch (gestern) von hier aus noch einmal angerufen, weil mich das Warten von Tag zu Tag, von Stunde zu Stunde mehr quält. Deinetwegen, Will! Wie musst Du unter diesem Zustand leiden

und zermürbt werden, wo für Dich so viel auf dem Spiele steht!
[...] Und du schreibst auch nicht! Ich kann mir natürlich einen
Zwang vorstellen; Du darfst eben nicht. Will, es ist schrecklich,
dieses Warten, diese Ungewissheit, was werden wird! Und doch
darfst Du den Kopf nicht hängen lassen. Von mir aus werde ich
auch nicht, wenigstens nicht dem Willen nach kapitulieren, wenn
ich auch nicht immer nach außen verbergen kann, was oder zumindest dass ich an irgend etwas schwer trage. Ich muss lachen
und froh sein und dabei die Tränen hinunterwürgen. Du! Diese
Zeit schmiedet uns fester zusammen als eine solche des Wohl-
lebens. Es ist ein ständiges Sehnen und Zittern des einem zum
andern und um den andern. Ich habe Dir schon zwei Briefe geschrieben und wüsste so gern wenigstens, ob Du sie bekommen
hast. Vielleicht darfst du doch die beiliegenden Marken benutzen.
(Auf Deinem Brief war nämlich eine Dienstmarke). [...]

Ich grüße Dich aus wehem, aber zutiefst frohem und glück-
lichem Herzen

Deine mit Dir auf ewig in Freud und Leid verbundene Finel.

Ein weiterer Brief ins Gefängnis ist auf den 21. März datiert. Oben links hat
Josefine Blumen gemalt, oben rechts steht auf rotem Grund: MONTAG.
Darunter:

21.3. Frühlingsanfang 1938

Mein lieber, lieber Will!

„... Nun muss sich alles, alles wenden.." – – – Gibt uns nicht das
große Werden, das wir allüberall jetzt draußen in der Natur beob-
achten können, wieder neue Hoffnung, mehr Vertrauen? – Überall
knospt und grünt es, neues Leben gibt die Sonne all den vielen
kleinen und großen Schläfern, die Erwachten aber lässt sie tiefstes
Leben spüren ... – Je größer die Wonne, umso tiefer der Schmerz,
weil wir nicht Hand in Hand das große Frühlingswunder erleben

dürfen. [...] Die Weidenkätzchen sind schon ganz heraus und beim Wind sehen wir gelbe Blütenstaubwolken. Ginster und anderes Gesträuch lassen sich nicht mehr knicken, weil der Saft bereits bis obenhin gestiegen ist. Überall vernimmt man den herben, würzigen Geruch des Flämmens – alles atmet quillendes, neues Leben, atmet Frohsinn und erzählt von der ewig großen Schöpferliebe. – Wie mancher Seufzer ging zu Dir in Deine Einsamkeit, wie habe ich jedes Lied im Herzen nur für Dich gesungen, es klang oft so weh – – Und als längst „Gnomen und Elfen erwacht" waren, gingen wir heim – „Stehn zwei Stern am hohen Himmel ..." Der letzte dunkle Tannenwald nahm es auf – – –

Zu Hause! – – Jetzt spüre ich so recht, wie sehr ich bereits in einer anderen Welt lebe, – es ist die unserer Liebe, wie die Sehnsucht nach dem Frau-sein immer größer wird. – Ich bin so glücklich darüber, auch wenn diese Sehnsucht in jetziger Zeit nur Schmerz bedeutet. – Einmal – und sicherlich bald, werden wir doch zusammen sein, – und dann fahren wir mit vollen Segeln in unser Glück, in unser Nest hinein. – Und würde es noch ein Jährchen dauern, so schaffen wir doch jeden Tag einen neuen Baustein herbei, – und viel viel Liebe wollen wir sammeln, – die ist notwendig für die Zeit des Alleinseins, für Zeiten, in denen einer um den andern leidet – – [...] Ach, Will, du m u s s t doch bald kommen! Es kommt mir jeden Tag unglaublicher vor, dass man solch' harmlose Jungens wie Euch, einfach einsperrt, d. h. die Sache scheint doch arg kompliziert zu sein, sonst brauchte man zur Klärung nicht eine derart lange Zeit. – [...] Willensmäßig halte ich noch lange durch, aber äußerlich sieht man doch die Spuren. Erst vorgestern sagte mir der Chef, wenn ich nicht bald besser aussähe, würde er mich 14 Tage in Urlaub schicken.. Aber du kommst ja bald, Willi, du m u s s t kommen!!! Daran will ich glauben, so fest, wie an meinen Gott! [...]

In diesem Jahr habe ich den traurigsten Namenstag verlebt. Und wie freue ich mich schon immer lange vorher darauf! Hier im

Büro wurde mächtig gefeiert, mit Kuchen und Zigarren. Die Jungs haben mich hochleben lassen (bitte wörtlich nehmen!) und ich musste mitlachen und blutete doch innerlich vor Weh. Immer wieder wurde Dein Name genannt und auch dann musste ich „dabei" sein. – – – Schrecklich! – – Ob wir einmal die Freude des Wiedersehens fassen können? – Mit all meiner Liebe und Sehnsucht gehe ich Dir entgegen – – – komm!!

In ganzer Liebe und Treue

Auf ewig

Deine Finel

Als Westfälin und überzeugte Katholikin, die sie war, fasste Josefine den Mut, Mitte 1938 die Befreiung des Verlobten selbst in die Hand zu nehmen. 1994, im Alter von 70 Jahren, erinnert sie sich.

28. Januar 1994

Einer der damaligen „7 Aufrechten" [...] besorgte mir eine „Dienstfahrt" (Kindertransport) in die Nähe von Erfurt und gab mir somit Gelegenheit, Willi im Gefängnis zu besuchen. Ob ich die rechten Worte finde für dieses Wiedersehen? Die ihm mitgebrachten Erdbeeren flogen sofort zum Fenster hinaus. Zwischen uns beide stellte sich ein Polizist, um auch jedes Wort mithören zu können, wie wenn eine Dirne einen Verbrecher besucht. (!) Und doch: Welches Erlebnis! Mir gab es die Kraft, eine Unterredung mit dem SS-Chef des Hauses zu erbitten, die mir auch nach einigem Zögern gewährt wurde. Woher nahm ich nur die Kraft für diese Souveränität, mit der ich dem vermeintlichen Halbgott entgegentrat! Ich riskierte das denkbar Mögliche und auch – eine Verhaftung. Ich bekam keinen Stuhl angeboten, stand da wie ein armer Sünder vor dem vermeintlich Allgewaltigen, der sich daran weidete, mich hilflos ihm ausgeliefert zu sehen – bis zu einer Antwort, die ihn frappierte und ihm ein leises Lächeln um die Lippen zwang. Warum ich so sehnlich die Entlassung meines Verlobten erbäte: „Ich möchte dem Führer Kinder schenken – 6 Stück ..." Und was geschah? Mit ausgesuchter Höflichkeit wurde ich zur Tür geleitet und – O Wunder! – Willi kam in 14 Tagen frei, während tausend andere in Konzentrationslagern grausam zu Tode gequält wurden.

⁂

Im Verhältnis zum Nationalsozialismus standen Josefine und Will zwischen den Bibelworten „Jeder ordne sich den Trägern der staatlichen Gewalt unter"[20] einerseits und „Man muss Gott mehr gehorchen als den Menschen"[21] andererseits. Hitler war auf legalem Weg Reichskanzler geworden, für die große Mehrheit der kirchlichen Kreise war die neue Obrigkeit rechtmäßig.[22] Die deutschen Bischöfe, die vor der Machtergreifung der nationalsozialistischen Bewegung kritisch gegenübergestanden hatten, vollzogen nach Zustimmung der Zentrumspartei zum Ermächtigungsgesetz einen Schwenk. Vier Tage nach Inkrafttreten des Gesetzes hieß es in einer Erklärung der Fuldaer Bischofskonferenz:

„Es ist nunmehr anzuerkennen, dass von dem höchsten Vertreter der Reichsregierung, der zugleich autoritärer Führer jener Bewegung ist, öffentlich und feierlich Erklärungen gegeben sind, durch die der Unverletzlichkeit der katholischen Glaubenslehre [...] Rechnung getragen [...] wird."[23]

Wenige Monate später wurde das Konkordat zwischen dem Vatikan und dem Dritten Reich abgeschlossen. Dass Hitler so schnell diese Vereinbarung mit dem Vatikan abschloss, hatte in vielen Katholiken den Eindruck erweckt, dass ihm an einem guten Einvernehmen mit der katholischen Kirche gelegen war. Man verkannte, dass er auf diesem Weg den für ihn gefährlichen politischen Katholizismus ausschalten wollte.[24]

In Josefines Einstellung zum Nationalsozialismus mischten sich Elemente der Wandervogelbewegung, des Katholizismus und spontaner Sympathien, die sie stärker bestimmten als politische Standpunkte. Sie stand zu ihrem von der Gestapo inhaftierten Verlobten, im beruflichen und privaten Umfeld wurde dies als Regimeferne wahrgenommen. Auch war Josefine immer dann klar, wenn katholische Rituale durch die Nazis offen infrage gestellt wurden. Andererseits hielt sie sich aus der Politik heraus, der „Parteikram" der Nationalsozialisten interessierte sie „herzlich wenig", wie sie schreibt. Solange sie Nazis als religiös gebunden einschätzte, begegnete sie ihnen mit Sympathie, um ihre politischen Aktivitäten schien sie sich nicht weiter zu kümmern.

Josefine war Kind ihrer Zeit, ohne Frage. Sie erwanderte ihre Heimat, sang Wanderlieder und spielte die Klampfe. Fotos zeigen sie mit langen Zöpfen und züchtigen Kleidern. Sie hätte das Zeug gehabt für eine glühende BDMse, doch das Werben des BDM (Bund Deutscher Mädels) stieß bei ihr auf Granit. In dem in ihrem Gedichtband „Heymot" abgedruckten Lebenslauf heißt es: „Nach achtjähriger Volksschulzeit schloss sich der Besuch der einjährigen Handelsschule in Finnentrop an. Die darauffolgende Stelle bei der Gemeindeverwaltung Attendorn sollte nicht von langer Dauer sein, weil Josefine […] es ablehnte, den Vorsitz des BDM zu übernehmen, auch wenn dies vom Bürgermeister gerne gesehen worden wäre. Josefine […] zog es vor, bei der katholischen Jugend aktiv zu sein."[25]

Der Bürgermeister bekam wohl kalte Füße, offiziell, weil sich Josefine dem Werben des BDM verweigerte. Vermutlich lagen die Bedenken tiefer. Eine junge Frau, die phänotypisch so gut in das Schema der nationalsozialistischen Jugend passte, stellte sich gegen deren offizielle Organisation. Wahrscheinlich befürchtete der Bürgermeister etwas Grundsätzliches hinter dieser Haltung, und er hatte damit nicht Unrecht.

Oktober 1945

Im Jahre 1934 bin ich mit „meinen" Mädchen aus der Jugendgruppe zum Blockhaus nach Eckenhagen gewandert. In meiner Heimat war Schützenfest […]. Ich war selten dabei, weil wir immer über Schützenfest unsere Großfahrt machten und 10–14 Tage mit dem Ränzel auf dem Rücken unsere schöne deutsche Heimat erwanderten. Im Jahre 1934 bin ich mit „meinen" Mädchen aus der Jugendgruppe zum Blockhaus nach Eckenhagen gewandert. Seit

1933, als die Hitlerherrschaft begann, wurden wir [...] immer mehr in unserer Freiheit beschnitten. Wir durften nicht mehr turnen, unser schöner Volkstanzkreis musste sich auflösen und immer mehr verbot man auch das gemeinsame Wandern katholischer Jugendgruppen. Wir bekamen keine Fahrpreisermäßigung mehr. So war diese Fahrt schon ein Wagnis.

In der Tat, die Fahrt war ein Wagnis, wo doch das Regime im Juli des Vorjahrs massiv gegen katholische Jugendverbände vorgegangen war. Dabei hätte die Mutter dem Regime gut gestanden. Ihre Genealogie war aus Sicht der Nazis nicht zu beanstanden. Dank der Taufbücher der katholischen Kirche Attendorns ließ sich ihr Stammbaum ohne Lücke bis auf das Jahr 1638 zurückführen. Aus „rassischer" Perspektive hätte sie nichts zu fürchten gehabt, trotz ihrer braunen Augen. Doch sie war Katholikin, und nicht nur das. Sie bekannte sich offen zu ihrem Glauben, indem sie sich, für alle sichtbar, an der Prozession beteiligte, die zu Fronleichnam durch die Straßen Attendorns zog.

28. Januar 1994

Ich war Fahnenträgerin bei der katholischen Jugend und wurde deshalb besonders bespitzelt. Wehe, wenn ich „vergessen" hatte, die Nazifahne (das verhasste Hakenkreuz) zu „grüßen".

„Grüßen" bedeutete, dass man den rechten Arm ca. 45 ° über der Waagerechten ausstreckte, die offene Hand nach unten gerichtet, im Zweifelsfall die Hacken zusammenschlug und „Heil Hitler" rief, und das möglichst zackig. Dieser „deutsche Gruß" war eine perfide Erfindung der Nationalsozialisten. Er machte für alle sichtbar, wo man politisch stand. Die Mutter setzte „vergessen" und „grüßen" in Anführungszeichen. Den Gruß zu vergessen ging möglicherweise noch durch, ihn aber bewusst zu verweigern, konnte böse Folgen haben, man outete sich als Gegner des Regimes.
Der Gruß war in der Öffentlichkeit Pflicht. Bereits am 13. Juli 1933 erließ Reichsinnenminister Frick eine Anordnung zur „Einführung des

Hitlergrußes". Ab diesem Zeitpunkt mussten Beamte, Angestellte und Arbeiter im behördlichen Raum „grüßen". Von Beamten wurde das auch außerhalb der Dienstzeit erwartet. Damit drangen der „deutsche Gruß" und das Bekenntnis zu Hitler und dem Nationalsozialismus in die Privatsphäre ein. „Das Grüßen forderte den Einzelnen täglich neu heraus, in beinahe jeder Stunde und in den unterschiedlichen Rollen, die die Menschen in der Familie, beim Einkaufen, im Fußballstadion oder auf der Arbeit einnahmen. Aus zwischenmenschlichen Begegnungen konnte ein politischer Akt, ein Bekenntnisaustausch werden, aus dem trivialen „Guten Morgen" ein forderndes „Heil Hitler", aus dem „Grüß Gott" ein Zeichen der Distanz zu den neuen Machthabern.[26]

Der „deutsche Gruß" veränderte seit 1933 zwischenmenschliche Beziehungen und drang in die Familiensphäre ein. Wie wurde der „deutsche Gruß" in Josefines Familie gehandhabt? Einige ihrer Familienmitglieder waren überzeugte Nazis. Josefine schreibt nicht, ob sie mit „Heil Hitler" gegrüßt hat, man kann es sich nicht vorstellen, für den privaten Bereich erscheint es ausgeschlossen. Mit der Verweigerung des „deutschen Grußes" stand sie dann in ihrer Familie wohl ziemlich allein. 1994 blickte die Mutter auf die Zeit zurück, als ihr Will aus dem Gefängnis entlassen worden war:

28. Januar 1994

Nur im Elternhaus kein Wort der Mitfreude: ‚Da kann man sich mal wieder sehen lassen …' – und der SS-Bruder Fritz insbesondere. Wie war nur ein solcher Gesinnung-Zwiespalt möglich? Es war der innere Bruch mit meinen Eltern und Geschwistern, so, wie es sich bei vielen Familien vollzog, junge Leute verrieten ihre Eltern, die dann im Gefängnis landeten.

Josefines Vater Heinrich war in Attendorn hoch angesehen, der Innungsmeister besaß eine Tischlerei mit vielen Angestellten. Doch im Verlauf der Dreißigerjahre musste die Firma Insolvenz anmelden. Wie es dazu kam, ist nicht mehr zu rekonstruieren, sicher spielte die Weltwirtschaftskrise eine Rolle. Aber auch die ältesten Söhne mögen zum Ende der Firma beigetragen haben. Sie feierten und tranken gerne, verminderten das Vermögen eher, als dass sie zu seiner Vermehrung beigetragen hätten. Bruder Friedrich, Friedel oder Fritz, war blond und blauäugig, rein arisch, wie seine Papiere später auswiesen. Nach der Machtergreifung trat er der SS bei, er war Mitglied der „Leibstandarte Adolph Hitler", später der Waffen-SS. Mit seiner Uniform und den weißen Handschuhen war er der Schwarm der Mädchen und Frauen, Nichten inklusive. Als er aus dem Krieg nach Hause kam, hatte er eine Schusswunde am Arm. Die Wunde könnte er sich selbst zugefügt haben, um seine SS-Tätowierung zu eliminieren, so Vermutungen in der Familie. Er hatte keine Papiere und wurde polizeilich gesucht. In einem Brief, den Josefines Mutter 1951 an ihre Tochter Martha schrieb, heißt es: „Eine Aufregung nach der anderen. Gestern war wieder die Polizei hier und führte Nachforschungen nach Fritz [durch, C. W.] und ich habe doch seit Weihnachten kein Lebenszeichen von ihm gehört. Nein, ich halte es bald nicht mehr aus." Die Polizei fand ihn nicht, weil ihn sein älterer Bruder Heinrich gelegentlich versteckte. Im Erdgeschoss seines Hauses gab es auf dem Fußboden eine Klappe, die in ein Kellerloch führte. Wenn Gefahr im Verzug war, verschwand Fritz im Kellerloch, das mit einem Teppich getarnt wurde. Es ist anzunehmen, dass die Nachforschungen im Zuge der Straffreiheitsgesetze von 1950 und 1954 eingestellt wurden.

❧

Josefines Ausbildung war nach acht Jahren Volksschule und einem Jahr Handelsschule beendet. Doch diese dürren Daten täuschen darüber hinweg, dass sie in sprachlicher Hinsicht ausgesprochen sattelfest war. Noch im hohen Alter korrigierte sie die Examens- und Diplomarbeiten ihrer Enkel, sie fand jeden Rechtschreibfehler. Ihre Tagebücher sind fehlerfrei, unter Berücksichtigung der damals geltenden Rechtschreibregeln natürlich. Und über die sichere Rechtschreibung hinaus besaß sie ein sprachliches Talent, das sich bei der Lektüre der Tagebücher offenbart. Der Landrat in der nahen Kreisstadt Olpe wusste dieses Talent zu schätzen. Josefine war von 1935 bis 1939 seine persönliche Sekretärin.

Ich konnte seine temperamentvollen Diktate in die gebotene Form kleiden, und einmal sagte er ganz verschmitzt, als ich ihm einen Brief zur Unterschrift vorlegte: „Kein Satz von mir!" „Falsch denn?" Die lächelnde Antwort: „Im Gegenteil!"

Der Landrat hieß Dr. Herbert Evers, Mitglied der NSDAP seit Mitte 1930 unter der „lfd. Nr." 345087. Die laufende Nummer ist deshalb wichtig, weil sie seinen frühen Eintritt in die Partei dokumentiert. Im Dezember 1930 gründete er die NSDAP-Ortsgruppe Grevenbrück. Einige seiner Funktionen in der NSDAP: Kreisrichter, Kreisredner, Gauredner, Fraktionsführer der NSDAP in Altena, Obmann im Bund nationalsozialistischer deutscher Juristen, Mitglied im Reichskriegerbund. Am 1. Oktober 1931 trat Evers der SA bei, er wurde Sturmführer, Obersturmführer, Sturmbannführer und 1938 schließlich Obersturmbannführer.[27]

Das „Sauerländische Volksblatt" widmete sich ausführlich Evers' Amtseinführung am 15. November 1933. „Die gesamte SA und SS, der SA-Reitersturm Grevenbrück und die übrigen nationalsozialistischen Formationen sowie die Bevölkerung der Kreisstadt Olpe entboten dem neuen Landrat einen überaus herzlichen Empfang. Die Straßen zeigten reichen Flaggenschmuck. Dichtgedrängt stand die Bevölkerung und bot dem neuen Landrat den ersten Gruß. Auf der Straße zum Osterseifen hatten SA, SA-Reserve, SS, Stahlhelm, Motor-SA, NSKK und Hitlerjugend mit ihren Wimpeln und Sturmfahnen sowie die Landjägereibeamten und Polizeibeamten des Kreises Aufstellung genommen. Ferner waren die Amtswalter und politischen Führer der nationalsozialistischen Organisationen erschienen." Die eigentlichen Empfangsfeierlichkeiten fanden auf dem Marktplatz statt, damals bereits in „Adolph-Hitler-Platz" umbenannt. „Ein kleiner Hitlerjunge überreichte Dr. Evers einen prächtigen Blumenstrauß." Der Kreisleiter der NSDAP machte dem neuen Landrat klar, was die Partei von ihm erwartete: „Ein alter Vorkämpfer der Bewegung leite jetzt das Schicksal des Kreises. Nun gelte es, die Bevölkerung zum Nationalsozialismus zu erziehen." [...]

„Als darauf Landrat Dr. Evers das Podium betrat, um eine kurze Ansprache zu halten, da schlug ihm die helle Begeisterung der Bevölkerung (…) und der Kameraden von der SA, der SS und des Stahlhelm entgegen. (…) (Dann führte er aus): Nach dem leuchtenden Vorbild des Führers Adolph Hitler wolle er ein Kämpfer für das Dritte Reich im Kreis Olpe sein. […] Die Grundauffassung des Führers vom Dienen an Volk und Vaterland habe ihm Kraft gegeben, das schwere Amt des Landrats zu übernehmen. […] Unter den Klängen der [SA-] Standartenkapelle sang die Versammlung das Horst-Wessel-Lied."[28]

Im Alter von 80 Jahren erinnert sich die Mutter an ihren Vorgesetzten:

28. Januar 1994

Der Landrat wies mich zurecht und sagte einmal: „Ihretwegen bin ich weit über den Kreis Olpe hinaus als schwarzer Landrat verschrien." Nur durch berufliche Tüchtigkeit konnte ich mich in jener Vorzugsstellung im landrätlichen Vorzimmer halten. Und es gab viele Gelegenheiten im täglichen Leistungsbereich, mir das persönliche Wohlwollen des „großen" Chefs (im Gegensatz zum „kleinen" Chef, dem von uns geliebten Assessor Dr. N., Pfarrerssohn, SS-Mann zwar, aber nur der Form wegen, aus Berufszwangsgründen, wie bei so vielen) – zu erwerben.

Erstaunlich, wie Josefine den kleinen Chef bewertete. Man war seinerzeit nicht gezwungen, Mitglied der SS zu werden, weder „der Form wegen" noch aus „Berufszwangsgründen". Den Eintrag machte sie knapp 49 Jahre nach Kriegsende, da hätte sie wissen müssen, welche Verbrechen sich gerade Angehörige der SS haben zu Schulden kommen lassen. Trotzdem nimmt sie den kleinen Chef in Schutz. Der Grund liegt nahe, der geliebte kleine Chef ist Pfarrerssohn. Ein Nazi, der Christ ist, konnte aus Sicht der Mutter nicht schlecht sein, selbst wenn es sich um einen Protestanten handelte. Hierfür spricht auch das Leumundszeugnis, das die Mutter dem Ende 1946 in einem Internierungslager einsitzenden ehemaligen Landrat ausgestellt hat. Sie schreibt, „dass Dr. Evers nach wie vor seiner Sonntagspflicht als Christ genügte. Dazu gehörte großer

Mut, und sein damaliger Assessor […] sagte mir einmal, dass Landrat Dr. Evers nichts mehr werden könne, denn man würde sich merken, dass er noch zur Kirche ginge. Und so war es auch. Während seine Amtskollegen längst befördert waren, saß Dr. Evers immer noch als Landrat in Olpe. Er war eben zu anständig und zu christlich gesinnt. Dabei spielte wohl auch eine Rolle, dass seine Gattin aus gut kathol(ischem) Hause stammt und auch in der ‚gefährlichen Zeit' praktizierende Katholikin blieb."[29]

Ein Erlebnis scheint Josefine ganz besonders von der „edlen" Gesinnung des Landrats überzeugt zu haben.

28. Januar 1994

Am Tage der sog. Kristallnacht am 9.11.38, als man die jüdischen Familien (z. Teil Träger des EK aus dem ersten Weltkrieg) grausam aus ihren Häusern trieb, ihre Habe verbrannte – über Olpe wehte ein Federzelt; die Nazis hatten ihre Betten aufgeschlitzt und die Federn über die Stadt wehen lassen, – ganz Olpe war auf den Beinen. Im Landratsamt sah ich niemanden und ging darum auch, ohne anzuklopfen, in das Chef-Zimmer. Was für ein Bild! Der Landrat, Obersturmbannführer der SA, saß, den Kopf auf die Arme gestützt, an seinem Schreibtisch. Meine Entschuldigung nahm er gar nicht zur Kenntnis. Er richtete sich auf, nahm meine Akten entgegen, und wir sahen uns lange schweigend an. Ich wusste längst um seine wahre Gesinnung, hier hatte ich einen Beweis. Aber es war fast unmöglich, ohne schlimme Folgen für ihn und seine Familie, „auszubrechen". So blieb er, wie viele andere, ein prominenter „Mitläufer". Nach dem Krieg habe ich einen persönlichen Brief an den englischen Leiter des Gefängnisses (sog. Internierungslager) in Frankreich geschrieben und seine wahre Einstellung anhand vieler Beweise darlegen können. In wenigen Wochen kam er frei und schrieb mir einen ergreifenden Dankesbrief.

Für die bestürzte Reaktion des Landrats in der sogenannten Reichskristallnacht, die Josefine von seiner Gesinnung überzeugte, kann es eine ganz andere Erklärung geben. Möglicherweise hatte Evers keine Ahnung, dass die Pogrome von der NSDAP gezielt vorbereitet worden waren. Man muss davon ausgehen, dass die Parteiorganisationen früher als die Behörden über die Angriffe gegen Juden informiert worden waren. Der Behörde wurden Aktionen über Fernschreiben angekündigt, das erste Fernschreiben der Staatspolizeistelle Dortmund traf verspätet am 10.11. um 6:00 Uhr in Olpe ein. „betrifft maßnahmen gegen juden. für die behandlung von antisemitischen kundgebungen, ergehen folgende anordnungen [...] geschäfte und wohnungen von juden dürfen lediglich zerstört, nicht geplündert werden. [...] demonstrationen sind [...] nicht von der Polizei zu verhindern, sondern auf die einhaltung der Anordnungen zu überwachen. [...]"[30] Das zweite Fernschreiben mit Verhaltensregeln für die Polizei traf in der Olper Polizeibehörde um 8:26 Uhr ein. Beide Telegramme wurden zwar ins Landratsamt überbracht, tragen aber keinen Aktenvermerk. In einem dritten Telegramm, das die Olper Polizei am Nachmittag des 10.11. erreichte, wird von der Gestapo Dortmund darauf hingewiesen, dass ab 15.00 Uhr jegliche Aktionen einzustellen sind und dass jede Aktion, die nach 15 Uhr gegen die Juden unternommen wird, „strafrechtlich nach dem Rebellenerlass geahndet werden muss"[31]. Dieses Telegramm trägt einen Aktenvermerk, die Unterstreichung erfolgte mit blauem Behördenleiterstift. Evers war wahrscheinlich gar nicht bekannt, dass die Pogrome von der Parteiführung vorbereitet und koordiniert worden waren. Vielleicht waren es weniger die Angriffe gegen die Juden als vielmehr die unkontrollierten Ausschreitungen des „Pöbels", an denen er sich gestoßen hatte.[32]

Josefines „Persilschein" darf nicht darüber hinwegtäuschen, dass es zwischen ihr und dem Landrat in katholischen Dingen unterschiedliche Positionen gab. In einer Verlautbarung im „Attendorner Volksblatt" vom 27. Januar 1934 bekräftigte der neue Landrat noch einmal die Regelung der Staatspolizeistelle in Dortmund, nach der religiöse Jugendverbände lediglich die Aufgabe hätten, ihre Mitglieder in religiöser Hinsicht zu betreuen. Die körperliche und politisch-weltanschauliche Schulung obläge einzig und allein der Hitlerjugend. Im selben Jahr beklagte Evers, „dass noch bedeutende Teile der Volksschuljugend der HJ bzw. dem Jungvolk und dem B.d.M. fernstehen."[33] Dass Josefine dem Bund deutscher Mädels fernstand, hatte sie nie verhehlt. Auch der nächste

Eintrag zeigt, dass Josefines Katholizismus nicht von Rücksichten auf das Naziregime angekränkelt war, im Gegensatz zu dem ihres Chefs.

28. Januar 1994

Ich war seine [des Landrats, C. W.] Geheimsekretärin für die Briefe in die Berliner Behrenstraße, und die Wichtigkeit der Geheimhaltung betonte er einmal mit den Worten: „Für sie gibt es nur eine Strafe: Kopf ab!" Aber mich interessierte der ganze Parteikram herzlich wenig. Nur einmal, als er mir diktierte, dass in seinem Kreise von der Kreuz-Aktion in Oldenburg nichts bekannt sei, bekam ich einen feuerroten Kopf, denn längst war uns durch einen der uns immer zugänglich gemachten Briefe des Bischofs v. Galen in Münster die durch die Nazis gewaltsame Entfernung der Kreuze aus den Schulen Oldenburgs bekannt.

Der Chef schaute mich durchdringend an: „Oder wissen Sie etwas?" „Natürlich, Herr Landrat, und nicht nur ich als Einzelperson" – das Briefdiktat nach Berlin wurde abgebrochen.

Ende 1936 hatte der oldenburgische Minister Julius Pauly den sogenannten „Kreuzerlass" herausgegeben, nach dem die Kruzifixe aus den katholischen Schulen entfernt und durch ein „Führer"-Porträt ersetzt werden sollten. Daraufhin mobilisierte der für den Distrikt zuständige Bischof von Münster, Clemens August von Galen, den Protest gegen diese Maßnahme. In seinem Buch „Ein Volk, ein Reich, ein Führer" beschreibt Dietmar Süß die Rolle des Bischofs von Münster so: „Er, der überzeugte Antibolschewist, wusste seine gläubige Landbevölkerung hinter sich, für die das Kreuz zentrales Symbol ihres katholischen Selbstverständnisses war, und rief – unter Verweis auf die spanischen Putschisten Francos und ihren moralisch ehrenwerten Kampf gegen die ‚ungläubige Regierung' der Republik – zum Kampf auf."[34] Den Mut des Bischofs von Münster brachten die wenigsten katholischen Bischöfe auf. Gegen eine Diktatur schien er allerdings keine Einwände zu haben, solange sie der Sache des Katholizismus diente.

Josefine war immer dann klar, wenn sie persönlich oder ihre Glaubensbrüder und -schwestern in der Ausübung des Katholizismus behindert wurden, seien es die Kreuze in den Schulen, die Teilnahme an der Fronleichnamsprozession oder die Zugehörigkeit zur katholischen Jugend, einhergehend mit der Weigerung, dem Bund deutscher Mädels (BDM) anzugehören. Sie stand unverbrüchlich zu ihrem im Gestapo-Gefängnis inhaftierten Will. Ganz anders zeigte sie sich im täglichen Umgang mit Nationalsozialisten an ihrem Arbeitsplatz. Landrat Evers, der „große Chef", war Nationalsozialist der ersten Stunde, die NSDAP-Ortsgruppe Grevenbrück hatte er zwei Jahre vor der Machtergreifung gegründet. Seine Einstellung zu Führer und Volk können Josefine nicht verborgen geblieben sein. Der „kleine Chef" war sogar SS-Mann. Doch der „große Chef" war Katholik, der sonntags zur Kirche ging, und der „kleine Chef" Pfarrerssohn. Für Josefine waren die katholischen Werte unumstößlich, sie bildeten das Fundament ihres Lebens. Vielleicht hat sie diese ihre Einstellung verallgemeinert. Ein Christ konnte demnach nur „der Form halber" Nazi sein, im tiefen Kern gehörte er wie sie zur christlichen Gemeinschaft.

Der „Kreuzerlass" war möglicherweise Anlass für die Verhaftung des Vaters. In der Erinnerung seines ältesten Sohnes Peter hatte Wilhelm den Kreuzerlass auf einer Veranstaltung des Kolpingwerks sinngemäß so kommentiert: „Die Kreuze, die heute aus den Schulen entfernt werden, stehen demnächst auf den Gräbern eurer Söhne." Diese Bemerkung wäre zwar weitsichtig, aber wenig opportun gewesen. Ob er sie wirklich gemacht hat und deshalb verhaftet wurde, bleibt offen.

In seinem Buch über die Kolpingsfamilie im Dritten Reich stellt Heinz-Albert Raem die Frage, ob das Verhalten des Verbandes als Widerstand einzustufen ist. Er definiert Widerstand so: „Widerstand meint in diesem Zusammenhang jede Form einer bewussten Nichtanpassung, die von den Inhabern der Staatsgewalt als unzuverlässiges Überschreiten des von ihnen vorgegebenen gesellschaftlichen Rahmens verstanden wird."[35] Die Verhaftung des Vaters durch die Gestapo spricht dafür, dass sein Verhalten der vom Autor gegebenen Definition des Widerstands entspricht. Und doch zeigt auch er, wie leicht man damals vom Grat zwischen Meinungsfestigkeit und Anpassung abstürzen konnte.

Seine politische Einschätzung in der Zeit vor und nach der Macht-ergreifung hat der Vater nie geändert. Ich erinnere mich an seine Empö-rung, als von Papen, der ehemalige Reichskanzler und Vizekanzler unter Hitler, in meiner Heimatstadt mit Ehren empfangen und von seinen deutschnationalen Gesinnungsgenossen hofiert wurde.

ANMERKUNGEN

1. Dietmar Süß, *„Ein Volk, ein Reich, ein Führer" Die deutsche Gesellschaft im Dritten Reich.* München, C.H. Beck 2017, S. 78

2. Christian Feldmann, *Adolph Kolping.* Freiburg, Herder 2008, S. 9-10

3. Heinz-Albert Raem, *Katholischer Gesellenverein und deutsche Kolpings-familie in der Ära des Nationalsozialismus.* Mainz, Matthias-Grüne-wald-Verlag 1982, S. 213

4. Willy Wagener, *Rundschreiben an die Gruppenführer D. Köln.* in: Der Führer 21, 1934, S. 120-121.

5. Theodor Hürth, zitiert in Heinz-Albert Raem, *Katholischer Gesellen-verein und Deutsche Kolpingsfamilie in der Ära des Nationalsozialismus.* Mainz, Matthias-Grünewald-Verlag 1982, S. 59-60.

6. Heinz-Albert Raem, *Katholischer Gesellenverein und deutsche Kolpings-familie in der Ära des Nationalsozialismus.* Mainz, Matthias-Grüne-wald-Verlag 1982, S. 70

7. Heinz-Albert Raem, *Katholischer Gesellenverein und deutsche Kolpings-familie in der Ära des Nationalsozialismus.* Mainz, Matthias-Grüne-wald-Verlag 1982, S. 95

8. Heinz-Albert Raem, *Katholischer Gesellenverein und deutsche Kolpings-familie in der Ära des Nationalsozialismus.* Mainz, Matthias-Grüne-wald-Verlag 1982, S. 206

9. Willy Wagener, *KWG – Jung-Kolping.* in: Der Führer 23, 1936, S. 16-18.

10. Johannes Christian Nattermann, in: Kolpingsblatt, 1. Mai 1930, S. 65.

11. Heinz-Albert Raem, *Katholischer Gesellenverein und deutsche Kolpings-familie in der Ära des Nationalsozialismus.* Mainz, Matthias-Grüne-wald-Verlag 1982, S. 86

12. Johannes Christian Nattermann, in: Kolpingsblatt, 1. Oktober 1933, S. 181.

13. Franz Josef Wothe, *Die Kirche im deutschen Aufbruch.* Bergisch Gladbach bei Köln, Verlag Joh. Heider 1934

14. Franz Josef Wothe, *Der Staat als christliche Wirklichkeit.* In: FJ Wothe, ed. Die Kirche im deutschen Aufbruch. Bergisch Gladbach bei Köln, Verlag Joh. Heider 1934, S. 16-26.

15. Robert Grosche, *Reich, Staat und Kirche.* In: FJ Wothe, ed. Die Kirche im deutschen Aufbruch. Bergisch Gladbach bei Köln, Verlag Joh. Heider 1934, S. 27-49.

16. August Winkler, in: Kolpingsblatt, 15. Mai 1932, S. 77.

17. Heinz-Albert Raem, *Katholischer Gesellenverein und deutsche Kolpingsfamilie in der Ära des Nationalsozialismus.* Mainz, Matthias-Grünewald-Verlag 1982, S. 35

18. Heinz-Albert Raem, *Katholischer Gesellenverein und deutsche Kolpingsfamilie in der Ära des Nationalsozialismus.* Mainz, Matthias-Grünewald-Verlag 1982, S. 65

19. Dietmar Süß, *„Ein Volk, ein Reich, ein Führer" Die deutsche Gesellschaft im Dritten Reich.* München, C.H. Beck 2017, S. 9

20. Römer 13, 1. 2016. at https://www.bibleserver.com/text/EU/Römer13%2C1-7 (aufgerufen am 6. Juli 2019).)

21. Apostelgeschichte 5, 29. 2016. at https://www.bibleserver.com/text/EU/Römer13%2C1-7 (aufgerufen am 6. Juli 2019).)

22. Heinz-Albert Raem, *Katholischer Gesellenverein und deutsche Kolpingsfamilie in der Ära des Nationalsozialismus.* Mainz, Matthias-Grünewald-Verlag 1982, S. 40

23. Deutsche Bischofskonferenz, *Kundgebung der deutschen Bischöfe über die nationalsozialistische Bewegung.* in: Würzburger Diözesanblatt 79, 29. März 1933

24. Augustinus Reineke, *Jugend zwischen Kreuz und Hakenkreuz.* Paderborn, Bonifatius Verlag 1987, S. 45

25. Josefine Wagener-Zeppenfeld, *Heymot. Gedichte aus Attendorn.* Attendorn, Frey Print + Media 2003

26. Dietmar Süß, *„Ein Volk, ein Reich, ein Führer" Die deutsche Gesellschaft im Dritten Reich.* München, C.H. Beck 2017, S. 51

27. Hans-Bodo Thieme, *Herbert Evers. Landrat des Kreises Olpe von 1933 bis 1945. Ein politisches Leben in Widersprüchen*. Schriftenreihe des Kreises Olpe Nr. 29, 2001, S. 19ff

28. Sauerländer Volksblatt, 16.11.1933

29. Hans-Bodo Thieme, *Herbert Evers. Landrat des Kreises Olpe von 1933 bis 1945. Ein politisches Leben in Widersprüchen*. Schriftenreihe des Kreises Olpe Nr. 29, 2001, S. 115-116

30. Hans-Bodo Thieme, *Herbert Evers. Landrat des Kreises Olpe von 1933 bis 1945. Ein politisches Leben in Widersprüchen:* Abbildung des Originals des Fernschreibens der stapo Dortmund vom 10.11.38, 6:00 Uhr. Schriftenreihe des Kreises Olpe Nr. 29, 2001, S. 170

31. Hans-Bodo Thieme, *Herbert Evers. Landrat des Kreises Olpe von 1933 bis 1945. Ein politisches Leben in Widersprüchen:* Abbildung des Originals des Fernschreibens der stapo Dortmund vom 10.11.38, 16:00 Uhr. Schriftenreihe des Kreises Olpe Nr. 29, 2001, S. 171

32. Hans-Bodo Thieme, *Herbert Evers. Landrat des Kreises Olpe von 1933 bis 1945. Ein politisches Leben in Widersprüchen*. Schriftenreihe des Kreises Olpe Nr. 29, 2001, S. 172

33. Hans-Bodo Thieme, *Herbert Evers. Landrat des Kreises Olpe von 1933 bis 1945. Ein politisches Leben in Widersprüchen*. Schriftenreihe des Kreises Olpe Nr. 29, 2001, S. 120-121

34. Dietmar Süß, *„Ein Volk, ein Reich, ein Führer" Die deutsche Gesellschaft im Dritten Reich*. München, C.H. Beck 2017, S. 109

35. Heinz-Albert Raem, *Katholischer Gesellenverein und deutsche Kolpingsfamilie in der Ära des Nationalsozialismus*. Mainz, Matthias-Grünewald-Verlag 1982, S. 246

Altreichdeutsche in Wien (1939–1944)

„Es gibt auf der ganzen Welt kein Band so stark als das Band des Herzens. "

Adolph Kolping

D ie Eltern heirateten am 11. April 1939, Dienstag nach Ostern. Das Zitat von Adolph Kolping steht auf der Hochzeitsanzeige. Am selben Tag zogen sie nach Wien, genauer nach Wien-Hietzing, mit Schloss Schönbrunn und Wiener Wald. Warum ausgerechnet nach Wien? Sicher, Wien war nicht mehr Ausland, die Österreicher hatten mit großer Mehrheit für den „Anschluss" gestimmt. Doch weit im Osten lag Wien noch immer, für eine Westfälin und einen Kölner Kolpingbruder allemal.

Was die Zeit zwischen der Entlassung aus der Haft und der Hochzeit angeht, ist wenig bekannt. Sicherlich war es für den Vater schwer, nach der Entlassung aus der Haft im Juli 1938 wieder Fuß zu fassen. Deutschland im nationalen Taumel, das Reich ein großdeutsches, die Einverleibung des Sudetenlands und Rest-Tschechiens stand bevor, und das – bis dahin – ohne Krieg. Wer das Regime kritisch sah, musste an der eigenen Wahrnehmung zweifeln. In einem ihrer Briefe ins Gefängnis forderte die Mutter dann auch Konsequenzen:

13. Juni 1938

Wir müssen und wollen in Zukunft klar unterscheiden, dass religiöse und konfessionelle Vereinstätigkeit in das Gebiet des geistlichen Berufes, der Seelsorge gehören. Das hast du ja auch längst erkannt, sonst würdest du nicht die andere Stelle angenommen haben. Gräme dich nicht allzu sehr, dass sie Dir nun verloren ist, es wird sich sicher eine andere finden lassen, [...]

Offenbar hatte der Vater bereits vor seiner Verhaftung eine neue Stelle angenommen, die er dann aufgrund der Verhaftung verlor. Zum beruflichen Wechsel ihres Verlobten schreibt Josefine in einem undatierten Brief:

Undatierter Brief von Josefine an Will

Du!

[...] Ich war namentlich in den letzten Tagen sehr viel bei Dir. Von Deiner Arbeit habe ich ähnlich gedacht, wie Du von ihr schreibst. Es musste Dich doch sehr bewegen, dass nun hinter jedem Tag, jeder Arbeit, ein „Zum letzten Mal" steht. Aber andererseits ist hier keine Sentimentalität am Platze und erst recht will nicht ich diejenige sein, die ein solches Weh schürt, wenn es schon einmal da ist. Du schreibst so schön von unserer gemeinsamen Zukunft, die wir auch nach unserem neuen „Plan" ganz und gar so gestalten wollen, dass sie ein gesundes Fundament für Volk und Kirche abgibt. Nein, ich will nichts anderes, Will, und der Weg, den Du für richtig befunden hast, soll mir recht sein. Ich gehöre zu Dir, immer, erst recht aber dann, wenn Du mich brauchst. Diese Zeit ist nun da, Du willst Dich beruflich verändern. Das ist etwas Großes, wozu Deine eigene Kraft allein nicht immer ausreichen wird. Da brauchst du mich, meine ganze Liebe, mein Verstehen, meine Treue. Brauchst mein Herz und meine Hand, die sich fest in die Deine legt ... Will, ich gehöre zu Dir, was soll ich noch sagen. Du sollst Dich jeden Augenblick auf mich verlassen können. Dabei bleibt es. –

Seine Tätigkeit im Kolpingwerk in Köln beendete Will im Jahr 1938.[1]

Hitler hatte den „Anschluss" Österreichs am 10. April 1938 im Nachhinein zur Abstimmung gestellt. Für ein Ja zur „Wiedervereinigung" Österreichs mit dem Deutschen Reich machte sich u. a. der Wiener Kardinal Theodor Innitzer stark, der eine zustimmende Erklärung der Bischöfe mit „Heil Hitler" unterzeichnete. Mit überwältigender Mehrheit stimmten die Österreicher dem Anschluss ans „Reich" zu, sofern man den offiziellen Zahlen Glauben schenkt. Unter diesen Bedingungen sollten die Eltern – und später auch die beiden Kinder – in Wien willkommen gewesen sein. So war es wohl auch, im November 1944 blickt die Mutter zurück.

November 1944

Welch' überaus glückliche Jahre haben wir mit den Kindern verlebt! In der schönsten und vielbesungensten Stadt unseres „großdeutschen" Reiches, im herrlichen Wien.

Das „großdeutsche" ist im Original, also im November 1944, in Anführungszeichen gesetzt. Zu dieser Zeit hatte die Säuberung des Staats von „Volksfeinden" ein geradezu irrationales Ausmaß erreicht. Die Anführungsstriche waren nicht ohne Risiko. War sich Mutter sicher, dass das Tagebuch nicht in falsche Hände fiel?

In Erfurt, im Gefängnis, war die Mutter vom „SS-Chef des Hauses" gefragt worden, warum sie so viele Kinder wolle. Darauf hatte sie geantwortet, sie wolle dem Führer Kinder schenken, sechs Stück. Das Geschenk an den Führer war eine taktische Finte, die sechs Kinder aber nicht. Josefine war eine leidenschaftliche Mutter, vor allem von Säuglingen und Kleinkindern, das belegen ihre Tagebucheinträge. Mit der Industrialisierung war die Geburtenrate in Deutschland permanent gesunken, schon lange vor der Pille. Der ausgeprägte Kinderwunsch der Mutter passte eigentlich nicht in diese gesellschaftliche Entwicklung. Nun war Josefine Katholikin, und was die Geburtenkontrolle anging, vertrat die katholische Kirche einen rigiden Kurs. Doch eine Bemerkung des Vaters lässt den Schluss zu, dass die kirchlichen Vorschriften von den Eltern nicht eins zu eins umgesetzt wurden. Er sprach damals von einem Zug, aus dem man vorzeitig aussteigen könne. Die Möglichkeit einer deutlicheren Begrenzung der Kinderzahl hätte also bestanden, aber die Mutter war wohl dagegen. In dem Haus, das sie später plante, hätten mühelos sechs Kinder Platz gefunden. Sechs Kinder waren ihre Zielgröße.

Woher kam der Kinderwunsch der Mutter? Eher nicht aus ihrer Familie, eine Schwester hatte ein Kind, die andere war zum damaligen Zeitpunkt noch unverheiratet. Sicher war sie vom damaligen Zeitgeist beeinflusst, der ganz wesentlich durch ein Buch von Dr. Johanna Haarer geprägt war. Als Fachärztin für Lungenkrankheiten war Haarer für ein Buch zur Säuglingspflege und -erziehung nicht sonderlich qualifiziert. Doch die mangelnde Qualifikation machte sie durch ihre glühende Verehrung für Nationalsozialismus und Führer mehr als wett. Ihr 1934 veröffentlichtes Buch mit dem Titel „Die deutsche Mutter und ihr erstes Kind" war ungemein erfolgreich.[2] Das Buch galt als Bibel jeder jungen Mutter. Bei Kriegsende betrug die Auflage annähernd 700.000 verkaufte Exemplare.[3]

Es ist anzunehmen, dass die Mutter dieses Buch gelesen hat. Mit den vielen praktischen, für die Mutter des ersten Kindes hilfreichen Ratschlägen verknüpft Johanna Haarer geschickt die Kinderpflege mit der

Nazi-Ideologie. Im Vorwort „An die deutsche Frau" beklagt sie, dass der „Geburtenrückgang in Deutschland […] vor der Machtergreifung durch den Führer bedrohliche Ausmaße angenommen" habe. Ursache für diesen „ungeheuerlichen Verfall der Volkskraft" sei „eine kinderfeindliche Weltanschauung. Es fehlte der Mut zum Kind." Um die „riesenhafte Gefahr des Volkstodes" zu bannen und aus Deutschland „wieder ein kinderreiches Land der Jugend" zu machen, fordert Johanna Haarer für jede Ehe vier Kinder, die Zeit der Zwei-, Ein- und Keinkindehe müsse überwunden werden, „um jeden Preis". „Auf uns Frauen wartet als unaufschiebbar dringlichste die eine uralte und ewig neue Pflicht. Der Familie, dem Volk, der Rasse Kinder zu schenken."[4] Die Forderung nach mehr Geburten war insofern „weitsichtig", als bald wieder Soldaten gebraucht würden.

Johanna Haarers Buch kam aus dem Zeitgeist und wirkte auf den Zeitgeist zurück. Josefine konnte sich dem wohl nicht entziehen. Heute heißt das Buch „Die Mutter und ihr erstes Kind", das „deutsche" wurde gestrichen. In bereinigter Form ist das Buch nach wie vor im Buchhandel erhältlich.

Die Mutter hätte die Zahl von sechs Kindern fast erreicht, es blieb aber bei fünf. Der älteste Sohn, Peter, wurde im April 1940 geboren, einen Tag früher, und er hätte mit dem „Führer" Geburtstag feiern können. Bärbel, die einzige Tochter, folgte in anderthalbjährigem Abstand. Dann kam Michael, im Juli 1944 „unter Bombengranaten in Wien geboren und mit Donauwasser getauft". Ich erblickte im Oktober 1947 das Licht der Welt, und Stephan im April 1956.

Johanna Haarer hatte die Grundsätze für Pflege und Erziehung vorgegeben, die von den Müttern der Zeit, auch von unserer Mutter, befolgt wurden, bis in die fünfziger Jahre des vorigen Jahrhunderts. „Stillen – Pflicht gegen Rasse, Volk, Familie." „Deutsche Mutter, du mußt dein Kind stillen!"[5] Grundsätzlich haben die Kinder getrennt von der Mutter zu schlafen, die Nahrungsaufnahme erfolgt zu festen Zeiten. „Das Kind wird gefüttert, gebadet und trockengelegt, im übrigen aber vollkommen in Ruhe gelassen."[6] Das gilt bereits für das Neugeborene: „Ist […] genügend Platz vorhanden, so raten wir ganz unbedingt dazu, es von der Mutter getrennt unterzubringen und es ihr nur zum Stillen zu reichen."

Und Johanna Haarer beschreibt auch gleich die Vorteile einer solchen Behandlung: „Außerdem hat die Trennung von Mutter und Kind für letzteres außerordentliche erzieherische Vorteile."[7] Wenn ein Kind zu festen Zeiten gestillt wurde und trocken liegt, wenn es schreit und der Schnuller nicht hilft, dann gilt: „[…] liebe Mutter, werde hart. [...] Das Kind wird nach Möglichkeit an einen stillen Ort abgeschoben, wo es allein bleibt, und erst zur nächsten Mahlzeit wieder vorgenommen. Häufig kommt es nur auf einige wenige Kraftproben zwischen Mutter und Kind an – es sind die ersten! – und das Problem ist gelöst."[8] „Bei großen kräftigen Kindern sei der Mutter abermals der Rat gegeben: Schreien lassen!"[9] Alle Kinder bekamen ihre Nahrung zu festen Zeiten, und die Nächte verbrachten sie getrennt von den Eltern.

Zwei Mal schreibt die Mutter von einer Ausnahme von dieser „Regel". Als ich mit sieben Monaten aus dem Krankenhaus komme, schlägt sie ihr Bett neben mir auf. Und nach dem Tod ihres jüngsten Sohnes schlafe ich neben ihr. Sie schreibt nicht, dass sie dabei ein schlechtes Gewissen hatte.

Johanna Haarer warnt ausdrücklich vor Großmüttern und Frauen der älteren Generation: „Sie […] können kein Kind schreien hören, ohne sich sofort darauf zu stürzen. Sie sind stets von neuem empört über die ‚herzlose, moderne' Mutter"[8]. „Es ist kein Zeichen besonderer Mutterliebe, wenn man sein Kind unablässig mit Zärtlichkeiten besonders von Dritten überschüttet, oder all seinen Wünschen und Regungen unbedenklich nachgibt. Solche Affenliebe v e r z i e h t das Kind wohl, erzieht es aber nicht."[10]

Dem Vater gelten in ihrem Buch nur wenige Sätze, so z. B.: „Bald weiß es [der ältere Säugling, C. W.] auch, wer der Mann ist, der immer mittags oder abends nach Hause kommt"[11]. Man kann einigermaßen sicher sein, dass der Vater das Buch von Johanna Haarer nicht gelesen hat. Aber die ihm zugewiesene Rolle erfüllte er nach Kriegsende zu hundert Prozent.

Wozu nun diente die von Johanna Haarer propagierte Form der Erziehung? Auch da ist sie klar:

„Vergessen wir doch nicht, was für Anforderungen unsere Zeit schon an die Jugend stellt, welch hohe Erwartungen der nationalsozialistische Staat an sie knüpft. Vorüber sind die Zeiten, wo es erstes und oberstes Ziel aller Erziehung und Aufzucht war, nur die Eigenpersönlichkeit im

Kind und Menschen zu vervollkommnen und zu fördern. Eins ist heute vor allem not, nämlich dass jeder junge Staatsbürger und Deutsche zum nützlichen Gliede der Volksgemeinschaft werde, dass er neben der höchstmöglichen Entwicklung all seiner guten Anlagen und Fähigkeiten lerne, sich einzuordnen in eine Gemeinschaft und um ihretwillen eigene Wünsche und eigene Bestrebungen zurückzustellen."[12]

Es ist nicht anzunehmen, dass dies Josefines Motive bei der Erziehung der Kinder in den ersten Lebensjahren waren. Dennoch hielt sie sich wie fast alle Mütter ihrer Zeit streng an Haarers Erziehungsgrundsätze. Säuglinge und Kleinkinder wurden genährt, gewickelt und im Übrigen sich selbst überlassen. Doch die Zeiten ändern sich. Als Josefine Großmutter wurde, warnte sie die Schwiegertöchter davor, die Kinder zu verzärteln, sie z. B. nachts aufzunehmen, wenn sie schrien, und sie zu stillen, wenn sie Hunger hatten. Haarer schrieb von den Großmüttern, die kein Kind schreien hören können, ohne sich darauf zu stürzen, und die über die „herzlose moderne" Mutter empört seien. Jetzt wunderten sich die Schwiegertöchter über die „herzlose", keinesfalls moderne Großmutter.

❧

Im November 1944, kurz nach ihrer Flucht, sehnte sich die Mutter nach Wien zurück.

Morsbach, November 1944

Werden wir jemals wieder unter solch glücklichen Verhältnissen beisammen sein? Die herrliche Wohnung in der „Villa Luise" mit dem großen, parkartigen Garten. Werden wir doch noch einmal in der Grotte oder unter den Birken sitzen, noch einmal die Pappeln „quietschen" hören (Wir wussten nicht recht, ob das Geräusch nervenaufreizend oder nervenberuhigend war), die Kinder im Sandkasten spielen oder mit unserem Hasi über den Rasen tollen?"

Die Idylle ist in einem Fotoalbum festgehalten, mit der Beschriftung „Im Garten unserer ‚Villa Luise' in Wien, Spohrstraße 2, – Soldat Vati im Urlaub."

Der Vater auf einer Decke liegend, mit dem rechten Arm aufgestützt, in Uniform. Neben dem rechten Arm sitzt Hasi, ein weißes Kaninchen, es scheint fast, als hielte der Vater Hasi im Arm. Rechts Peterle, die kurze Hose von Leder-Hosenträgern gehalten, weiße Kniestrümpfe, dunkle Schuhe. Am linken Bildrand, halb abgeschnitten, die Mutter, Bärbel, in weißem Kleidchen, auf ihrem Schoß. Am Jackett der Uniform des Vaters ist ein Band zu sehen, das vom zweiten Knopfloch nach unten verläuft. Auf dem Schwarz-Weiß-Foto sind die Farben nicht zu erkennen. Es handelt sich wahrscheinlich um ein Ordensband, am ehesten das Eiserne Kreuz zweiter Klasse, abgekürzt EK II. Erzählt haben die Eltern nie, dass dem Vater das EK II verliehen worden war. Die Mutter hat die vermutliche Ehrung von „Soldat Vati" wohl auch nicht besonders ernst genommen.

Morsbach, November 1944

Werden wir nicht in Zukunft von diesen Erinnerungen zehren müssen? Von den schönen Spaziergängen im Schönbrunner Schlosspark, vom Kahlenberg und Grinzing, von Mödling und Baden, vom Kuraufenthalt mit den Kindern auf dem Semmering,

2000 m hoch, in Schnee und Sonne? Als ich vor drei Monaten von Wien Abschied nahm, hatte ich ein solch beklemmendes Gefühl. Als ich zum letzten Mal in unserem Schlafzimmer stand, habe ich gesagt: Ich glaube, wir werden nicht zurückkommen, nicht wahr, lieber Vati, du glaubst es auch nicht. Wie kann es möglich sein, wenn die Russen unaufhaltsam auf die ungarische Grenze losmarschieren, wenn es anscheinend keine Abwehr mehr gibt gegen die furchtbaren Luftangriffe, die immer häufiger und heftiger werden. Wohin sollen wir armen geplagten Menschen noch fliehen?

Wenige Monate nach Kriegsende sehnt sich die Mutter nach Wien zurück.

Mitte Juli 1945

Wie groß ist meine Sehnsucht nach unserem schönen Familienleben, wie wir es in Wien hatten!

Bruder Peter, 1940 geboren, kann sich noch an Wien erinnern. Auf die Frage, warum die Mutter in Wien so glücklich war, antwortete er spontan: „Der Vater war damals oft zuhause." Nach dem Krieg änderte sich das drastisch, deshalb vielleicht die Sehnsucht nach dem „schönen Familienleben".

Überaus glückliche Jahre in der schönsten und viel besungenen Stadt des „großdeutschen" Reiches, im herrlichen Wien. In dieser Zeit tobte der Zweite Weltkrieg, Soldaten starben an der Front, Juden wurden vertrieben, deportiert und umgebracht. Im Tagebuch findet sich kein Wort über die politischen Verhältnisse in Wien und Österreich, vor allem kein Wort über das Schicksal der Wiener Juden. In der Zeit des sozialdemokratisch geprägten Wiens („rotes Wien, 1919–1934") waren Bürger jüdischen Glaubens voll integriert. Seit 1919 galt das allgemeine Wahlrecht für Männer und Frauen. 1933 kam es zur austrofaschistischen Machtergreifung, unter Dollfuß wurde das Parlament aufgelöst und die Sozialdemokratische Partei verboten. Aus der Republik Österreich wurde ein sogenannter „Ständestaat". Die Sozialdemokraten wurden durch Vertreter des Ständestaats gewaltsam aus dem Wiener Rathaus vertrieben. Organisationen, die dem diktatorischen Regime nahestanden, so z. B. die Heimwehren, vertraten offen antisemitische Positionen. Seit dem Juliabkommen zwischen dem Bundesstaat Österreich und dem Deutschen Reich im Jahr 1935 gerieten Juden zunehmend unter Druck. Jüdische Beamte wurden entlassen, im Jahr 1935 waren nur noch 0,4 % aller Beamten Juden, gegenüber einem jüdischen Bevölkerungsanteil von 2,8 %. Nach einem Erlass des Unterrichtsministers vom 4. Juli 1934 sollten christliche und jüdische Schüler eigene Klassen bilden, sofern genug jüdische Schüler vorhanden waren. In Wien gab es neun Schulen mit „Judenklassen".[13] In der Reichspogromnacht vom 9. auf den 10. November 1938 wurden alle Wiener Synagogen und Bethäuser vernichtet. Bis Ende 1941 gelang 130.000 Juden die Flucht, seit 1941 wurden 65.000 jüdische Wiener deportiert, es überlebten nur wenig mehr als 2.000.[14] In erster Reihe stand der Gauleiter Wiens, Odilo Globocnik, der nach der Verfolgung der Wiener Juden als Chef der „Aktion Reinhard" die Vernichtung der osteuropäischen Juden organisierte.[15]

Seit dem 1. Mai 1933 war der Bundesstaat Österreich eine Diktatur ohne parlamentarische Kontrolle. Im Weihnachtsbrief der österreichischen Bischöfe aus dem Jahr, in dem Dollfuß das Parlament ausschaltete, heißt es: „Das Jahr 1933 hat der ganzen Christenheit reichen Gnadensegen, unserem Vaterland Österreich überdies viele Freuden gebracht [...]. Sie (die Regierung, Anm.) kann schon jetzt auf eine Reihe von segensreichen Taten hinweisen, die das wahre Wohl sichern und fördern."[16] Der Kotau katholischer Bischöfe vor autoritären Regimes war beileibe keine rein deutsche Angelegenheit.

Ein besonders engagierter Vertreter der Annäherung von katholischer Kirche und Nationalsozialismus war der österreichische Bischof Alois Hudal, 1929 vom späteren Papst Pius XII. mit dem Titel „Päpstlicher Thronassistent" ausgezeichnet. Sein 1936 erschienenes Buch „Die Grundlagen des Nationalsozialismus" widmete er Adolf Hitler: „Dem Führer der deutschen Erhebung und Sigfried deutscher Hoffnung und Größe". Nach Ende des zweiten Weltkriegs half er Nationalsozialisten bei der Flucht nach Argentinien über die „Rattenlinie".[17]

Zur Zeit des „Anschlusses" erreichte der Antisemitismus einen neuen Höhepunkt. „Auf den großen Straßen wurde gejubelt – und in den Gassen verprügelte man Juden und zwang sie zur Straßenreinigung. [...] Hitler-Jungen und kleine Pimpfe sperrten den Platz und überwachten, ob, wie in Wien, jüdische Frauen und Männer die Straße mit den viel zu kleinen Bürsten oder Lappen, die man ihnen in die Hand gedrückt hatte, auch ordentlich schrubbten. Von hinten drängelten die Schaulustigen, um sich die besten Plätze zu sichern."[18]

Bemerkte die Mutter nichts von alledem? Hat sie es bemerkt, aber nicht für wert gehalten, es aufzuschreiben? Erwähnte sie es aus Scham nicht? Oder hat sie weggeschaut, und der Katholizismus hat ihr dabei geholfen? Dietmar Süß schreibt: „Auch innerhalb des Katholizismus wussten Klerus und Laien frühzeitig von der Gewalt gegen Juden. Aber richtig zuhören wollte man den Stimmen derer nicht, die sich über die wachsende antisemitische Gewalt und das Schweigen ihrer Kirche beklagten."[19]

Die Villa Luise, in der die Eltern mit Peterle und Bärbel wohnten, lag an einer Bahnlinie. Peter erinnert sich, dass man vom Haus aus die Transporte von Schwerverletzten aus den Kriegsgebieten hatte sehen können. Er war damals nicht älter als vier Jahre, dass er sich daran erinnert, zeigt, wie verstörend der Anblick gewesen sein muss. Die Mutter erwähnt die Transporte nicht. Eine einzige Begebenheit beschreibt sie, die ihr die Folgen des Krieges direkt vor Augen führte. Im Landratsamt hatte ihr Bekenntnis zum Katholizismus seinerzeit Folgen:

28. Januar 1994

Ich musste erleben, wie der Sturmführer Busch, als ich ihm im Flur des Landratsamtes begegnete, vor mir ausspuckte ...

Besagter Sturmführer war mit einem der Schwerverletzten-Transporte nach Wien gekommen.

28. Januar 1994

Während der Kriegsjahre in Wien hatte ich eine Verbindung zu einem Kriegslazarett, das nicht weit von unserer Wohnung, Spohrstraße, entfernt war. Die Verwundeten aus meiner Heimat wurden mir mitgeteilt, und ich durfte sie zu mir einladen. Wem stand ich ersten Tages gegenüber? Eben jenem Sturmführer Busch.

Er war so grausam zugerichtet, dass ich nur Mitleid empfinden konnte – aber wie musste ihm zumute sein?! Ich versuchte mit großer Mühe eine politisch-neutrale Unterhaltung und hatte doch das Gefühl, dass ihm das Omelett im Hals stecken blieb.

Welcher Tätigkeit ging mein Vater nach? Die Mutter schreibt nichts darüber. In der Erinnerung des ältesten Sohnes Peter hat er nach der Entlassung aus dem Gefängnis in Erfurt bei einer Firma gearbeitet, vielleicht besaß die Firma eine Filiale in Wien. Es ist anzunehmen, dass er spätestens bei Kriegsausbruch eingezogen wurde.

Peter erzählt, dass der Vater für die Organisation eines Kraftfahr-Parks für Militärfahrzeuge zuständig war, dies wurde vom Bundesarchiv in Berlin bestätigt. Die vom Vater entwickelten Organisationspläne seien als Modell für vergleichbare Fuhrparks in Deutschland genutzt worden. Mehrmals sei geplant gewesen, ihn an die Front zu versetzen, einmal sei das sogar geschehen. Doch sein Organisationstalent scheint für das Militär so wertvoll gewesen zu sein, dass man ihn nach Wien zurückholte. Er muss sehr geschickt agiert haben. Ein Mann, der mehr als sechs Monate in „Schutzhaft" eingesessen hatte und sich bei Kriegsausbruch mit 28 Jahren im besten Soldatenalter befand, wurde nicht an die Front versetzt, weil er sich bei der Organisation eines Fuhrparks unverzichtbar gemacht hatte. Verdiente er sich so das Eiserne Kreuz? Jedenfalls muss er in seiner Einheit hohes Ansehen genossen haben. Die Mutter erzählte, dass morgens ein Auto vor ihrem Haus hupte. Darin saß ein General, der den Unteroffizier mit zu seiner Arbeitsstätte nahm.

Ich erinnere mich noch an eine Episode, die der Vater erzählte, als ich sieben oder acht Jahre alt war. Er hatte öfters in Ungarn zu tun, auf seinen Fahrten wurde er von zwei Männern begleitet, die Namen klangen wie Mali und Tschetscholitsch. Ich fand die Geschichten lustig, ein Schwein, das seine beiden Begleiter stehlen wollten, entkam und lief quiekend über den Marktplatz. Einmal brachte der Vater so viele Eier mit, dass sie nur noch in der Badewanne Platz fanden und rasch an Bekannte und Nachbarn verteilt wurden. Das war nicht ohne Risiko, weil die „Kriegs-wirtschaftsverordnung" vom 4. September 1939 Vergehen gegen die zentralisierte Ernährungsversorgung und Kriegsökonomie unter Strafe stellte, im schlimmsten Fall mit Zuchthaus oder Todesstrafe. Immer wieder drängten wir den Vater, Geschichten aus der Kriegszeit zu erzählen, die Gefahren, die mit seinen Geschichten verbunden waren, lösten sich in Spannung und Heiterkeit auf.

Irgendwann realisierte ich, dass Hitler deutsch war. Ich erinnere mich noch an mein mit Entsetzen gemischtes Erstaunen. Der Mann, in den Erzählungen Ursache allen Übels und das Böse schlechthin, hatte mit mir etwas gemein, er war Deutscher. Die Erzählungen des Vaters müssen so gewesen sein, dass Hitler mit dem Alltag in Wien und Ungarn nichts zu tun hatte, als ob er von einem anderen Stern gekommen wäre.

Die Mutter kam aus dem Sauerland nach Wien, mit 1,8 Millionen Einwohnern eine veritable Großstadt. Bis dahin lebte sie in einem Städtchen von etwas über 6.000 Einwohnern. Doch es ist nicht nur die schiere Größe der Stadt Wien, die sie hätte beängstigen können, es ist auch das gesellschaftliche und kulturelle Leben. Ohne Attendorn Unrecht zu tun, das Umfeld Wiens war ein anderes. Die Wiener Moderne wirkte nach, ob in der Philosophie, der Psychologie, der Literatur oder der bildenden Kunst. Arthur Schnitzler war 1931 gestorben, Sigmund Freud lebte noch. Journalisten und Schriftsteller schrieben mit spitzer Feder, so z. B. Karl Kraus.

Wie kam eine Westfälin in diesem Wien zurecht? Wien war ohne Zweifel eine der schönsten Städte der Welt. Doch was war mit dem Wiener, wie Thomas Bernhard ihn beschreibt? Oder dem Wiener Charme, den Max Frisch in seinem Tagebuch so kommentiert: „Charme zur Haltung gemacht, ist etwas Fürchterliches: Waffenstillstand mit der eigenen Lüge."[20]

All das hat die Mutter nicht tangiert, sie sah ihre Wiener Zeit in goldenem Licht. Nur eine einzige Bemerkung trübt das positive Bild.

Oktober 1945

Wenn Poldi [das ‚Hausmädchen', C. W.] in Wien mit unserem Bärbelein spazieren ging, so deuteten die Leute ihr überzartes Körperchen derart, dass die altreichdeutschen Frauen ja nicht kochen könnten und das Kind nicht satt bekäme.

Die Kategorie der altreichdeutschen Frauen hat ihr Glück nicht geschmälert. Man kann gut verstehen, dass sie sich am Kriegsende angesichts der zunehmenden Luftangriffe zu den „armen geplagten Menschen" zählte. Und doch: Warum verlor sie kein Wort über die Menschen, die dem Naziregime zum Opfer gefallen sind? Hat sie den Krieg ausgeblendet? Sie wirkte unpolitisch, obwohl sie zu Beginn der Naziherrschaft als überzeugte Katholikin Haltung zeigte. Es ist anzunehmen, dass die Verhaftung des Verlobten ihr die realen Machtverhältnisse vor Augen geführt hatte. Möglich, dass dies ihre politische Zurückhaltung erklärt.

ANMERKUNGEN

1. Heinz-Albert Raem, *Katholischer Gesellenverein und deutsche Kolpingsfamilie in der Ära des Nationalsozialismus.* Mainz, Matthias-Grünewald-Verlag 1982, S. 213
2. Johanna Haarer, *Die deutsche Mutter und ihr erstes Kind.* München, Berlin, F.F. Lehmanns Verlag 1940
3. Ingrid Müller-Münch, *Die geprügelte Generation. Kochlöffel, Rohrstock und die Folgen.* Stuttgart, Klett-Cotta 2012, S. 75
4. Johanna Haarer, *Die deutsche Mutter und ihr erstes Kind.* München, Berlin, F.F. Lehmanns Verlag 1940, S. 8-9
5. Johanna Haarer, *Die deutsche Mutter und ihr erstes Kind.* München, Berlin, F.F. Lehmanns Verlag 1940, S. 115
6. Johanna Haarer, *Die deutsche Mutter und ihr erstes Kind.* München, Berlin, F.F. Lehmanns Verlag 1940, S. 168
7. Johanna Haarer, *Die deutsche Mutter und ihr erstes Kind.* München, Berlin, F.F. Lehmanns Verlag 1940, S. 109
8. Johanna Haarer, *Die deutsche Mutter und ihr erstes Kind.* München, Berlin, F.F. Lehmanns Verlag 1940, S. 173
9. Johanna Haarer, *Die deutsche Mutter und ihr erstes Kind.* München, Berlin, F.F. Lehmanns Verlag 1940, S. 174
10. Johanna Haarer, *Die deutsche Mutter und ihr erstes Kind.* München, Berlin, F.F. Lehmanns Verlag 1940, S. 271

11. Johanna Haarer, *Die deutsche Mutter und ihr erstes Kind*. München, Berlin, F.F. Lehmanns Verlag 1940, S. 257

12. Johanna Haarer, *Die deutsche Mutter und ihr erstes Kind*. München, Berlin, F.F. Lehmanns Verlag 1940, S. 272

13. Austrofaschismus. at https://de.wikipedia.org/wiki/Austrofaschismus (aufgerufen am 6. Juli 2019)

14. Jüdisches Leben in Wien. at https://de.wikipedia.org/wiki/Jüdisches_Leben_in_Wien (aufgerufen am 6. Juli 2019)

15. Dietmar Süß, *„Ein Volk, ein Reich, ein Führer" Die deutsche Gesellschaft im Dritten Reich*. München, C.H. Beck 2017, S. 196

16. Wolfgang Huber, *Die Gegenreformation 1933/34*. In: S Neuhäuser, ed. „Wir werden ganze Arbeit leisten" Der austrofaschistische Staatsstreich 1934. Norderstedt, Books on Demand 2004, S. 47.

17. Alois Hudal. at https://de.wikipedia.org/wiki/Alois_Hudal (aufgerufen am 6. Juli 2019)

18. Dietmar Süß, *„Ein Volk, ein Reich, ein Führer" Die deutsche Gesellschaft im Dritten Reich*. München, C.H. Beck 2017, S. 149

19. Dietmar Süß, *„Ein Volk, ein Reich, ein Führer" Die deutsche Gesellschaft im Dritten Reich*. München, C.H. Beck 2017, S. 119

20. Max Frisch, *Tagebuch 1946-1949*. Frankfurt am Main, Suhrkamp 1950

Krieg und Kriegsende (1944–1945)

„Es ist ein unsagbar grausames Spiel. Der Teufel regiert in der Welt."

Tagebucheintrag vom März 1945

8. Juli 1945

Heute feierst du deinen Geburtstag, mein kleiner Michael. Ein Jahr bist du nun schon mit uns durchs Leben gewandert. Und was für ein Leben? Unter Bomben in Wien geboren und mit Donauwasser getauft, machtest du mit vier Wochen schon eine weite Reise, nämlich von Wien nach Morsbach, das sind gleich 1000 km. Im Zug war eine beängstigende Fülle, und du hast immer vor Hunger geschrien. Die Mutti hatte eine Brustentzündung mit hohem Fieber. Unterwegs Fliegeralarm. Drei kleine Kinder, das älteste vier Jahre. – 16 Stück Gepäck."

Im März 1944 fielen die ersten Bomben auf Wien. Hietzing, der Wohnbezirk der Familie, war am 17. Oktober das Ziel. Der Vater, Soldat der Wehrmacht, blieb in Wien zurück. Die Entscheidung, wahrscheinlich des Vaters, dass die Mutter Wien mit ihren drei Kindern im August in Richtung Rheinland verlassen sollte, stellte sich als weise heraus. Im September wurde Wien von einem Großangriff aus der Luft getroffen, weitere Großangriffe folgten.

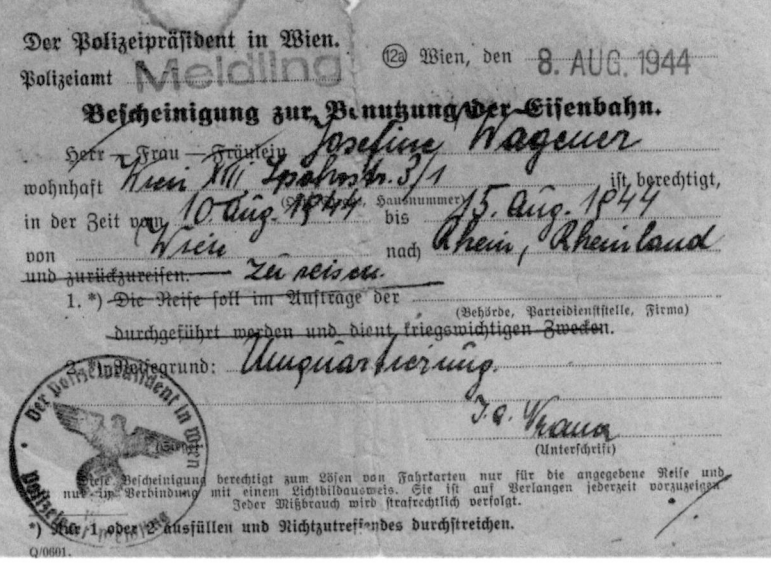

Der Polizeipräsident in Wien.

Polizeiamt Meidling

(12a) Wien, den 8. AUG. 1944

Bescheinigung zur Benutzung der Eisenbahn.

Herr – Frau – Fräulein *Josefine Wagener*

wohnhaft *Wien XII Spalnstr. 3/1* ist berechtigt,

in der Zeit von *10. Aug. 1944* (Hausnummer) bis *15. Aug. 1944*

von *Wien* nach *Rhein, Rheinland*

und zurückzureisen. — *zu reisen.*

1. *) Die Reise soll im Auftrage der _____
   (Behörde, Parteidienststelle, Firma)
   durchgeführt werden und dient kriegswichtigen Zwecken.

2. Reisegrund: *Umquartierung.*

J. C. Vrana
(Unterschrift)

Diese Bescheinigung berechtigt zum Lösen von Fahrkarten nur für die angegebene Reise und nur in Verbindung mit einem Lichtbildausweis. Sie ist auf Verlangen jederzeit vorzuzeigen. Jeder Mißbrauch wird strafrechtlich verfolgt.

*) Hier 1 oder 2 ausfüllen und Nichtzutreffendes durchstreichen.

Q/0601.

mit Kindern Peter Wagener 4½ Jahre
Bärbel , 3 J.
Michael , 4 Wochen alt.

AUG. 1944

J. C. Vrana

Wien=Meidling
66/19
13. AUG. 1944

Der Polizeipräsident in Wien
Polizeiamt Meidling

Der Vater erkannte die aussichtslose Lage, auch wenn die Rote Armee Wien erst im April 1945 erobern sollte. Er wusste mit Sicherheit auch über die Situation an der Westfront Bescheid. Er musste damit rechnen, dass das Rheinland von den Westalliierten eingenommen würde. Dies erschien ihm für Frau und Kinder weniger bedrohlich als die voraussehbare Einnahme Wiens durch die Rote Armee.

Die Mutter kam mit ihren Kindern bei den Großeltern in Rhein bei Morsbach unter. Morsbach ist eine Stadt in Nordrhein-Westfalen an der Grenze zu Rheinland-Pfalz. Rhein ist ein kleines Dorf, die Eltern des Vaters wohnten in einem Fachwerkhaus. Im angrenzenden Stall wurden Kühe gehalten. Ein Foto zeigt die Großeltern bei ihrer Goldhochzeit, ein Bild, wie man es aus vielen Familienalben kennt.

Die Großmutter in schwarzem Kleid, der Großvater in schwarzem Anzug. Beide schauen in die Kamera, so, als wäre jeder bei sich. Die Gesichter erscheinen von der Lebensarbeit gezeichnet, die Großmutter mit einem Hauch von Milde, der Großvater mager und knorrig. Früher war er Bergmann gewesen, den kleinen Bauernhof betrieb er im Nebenberuf. Oft hatte er während seiner Arbeit unter Tage im Wasser gestanden, manchmal bis zur Hüfte. Er hatte von der Arbeit eine Silikose davongetragen, Staublunge, wie es damals hieß. Von den Söhnen hatte er Mitarbeit auf dem Hof erwartet, für Schule und alles, was damit zusammenhing, besaß er wenig Sinn. Wilhelm erledigte seine Schularbeiten häufiger auf den

Stufen der Treppe als auf einem Stuhl. Er ging als erstes Familienmitglied auf eine weiterführende Schule, allerdings nur bis zur mittleren Reife. Erst dem jüngsten Sohn Josef war der „Luxus" des Abiturs vergönnt gewesen. Bei den Großeltern war Geld immer knapp, der Großvater hielt sein Geld zusammen. Die ihn mochten, sagten, er sei sparsam gewesen, andere nannten ihn geizig. Die Großmutter hatte sechs Kinder, Heinrich, Wilhelm, Agnes, Johanna, Alfred und Josef. Alfred ist nicht aus dem Krieg zurückgekehrt. Wenn die Großmutter zu Besuch kam, las sie Liebesromane, die es als Heftchen zu kaufen gab. Obwohl sie sich in ihrer freien Zeit der Liebe in ihrer literarischen Form widmete, schien sie für die reale Liebe weniger übrig gehabt zu haben. „Die Liebe ist ein Sauaas", so sah sie die Liebe.

Morsbach, November, Kriegsjahr 1944

Als vor wenigen Tagen, am 6. November, der liebe Gott unsere kleine Bärbel, unser geliebtes süßes Mädi, zurückverlangte, da glaubte ich, das Leben könnte nicht weitergehen, die Sonne würde nicht mehr scheinen, überhaupt müsste die Welt aufhören zu existieren. Aber ich lebe noch, bin nicht zusammengebrochen, nicht bei der Schreckensnachricht, nicht beim Binden der Sträuße und Kränze, nicht beim Schnitzen des einfachen Grabkreuzes, nicht in dem Augenblick, als mein Schäufelchen Erde auf den kleinen weißen Sarg fiel.

Ich lebe noch. Und dann kamst du, Vati, abgehetzt und todmüde von der weiten Fahrt. Wir kamen soeben vom Friedhof. Du sahest mich da im schwarzen Kleid und wusstest, es ist zu spät. Gott mag dich trösten in deinem Weh, so wie er mir Kraft verliehen hat. Glaube mir, es ist das Menschenmöglichste geschehen, um sie am Leben zu erhalten; Gott sagte: nein. Denke und grüble nicht so viel, suche keine Schuld. Wir wollen sagen: Ja, Vater! Seine Gedanken sind nicht unsere Gedanken. Einmal werden wir erkennen, dass Gott auch im größten Schmerz noch Seine Güte offenbart. Er ist Vater, der uns liebt, wenn er nimmt und wenn er gibt. Vieles hat er uns genommen, aber hat er nicht viel, viel mehr noch gegeben?

Dies ist der erste Eintrag im Tagebuch der Mutter.

49 Jahre später setzte die Mutter vor diesen Tagebucheintrag folgenden Nachtrag:

Nachtrag, 1993

Noch nach nahezu 50 Jahren ist mir dieser 6. November präsent. Die Nachricht des Amtskrankenhauses Weidenau, dass mein schwer erkranktes Kind im Sterben läge, ließ mich sofort versuchen, mit dem Zug, der immer wieder halten musste in Folge von Bombenangriffen, ins Weidenauer Krankenhaus zu kommen. Das unvorstellbar grausame: Man drückte mir die Schlüssel der Leichenhalle in die Hand, darin müsste mein Kind liegen, unter einem Berg laufend eingewiesener toter Soldaten. Man bot mir einen Sack an, in den ich mein Kind einpacken und mitnehmen könnte. Mein Schrei des Entsetzens beim Anblick des Leichenberges! Oh Bärbi, mein Kind, ich finde dich nicht!

Bärbel war infolge einer Durchfallerkrankung gestorben. Heute würde man den Verlust von Flüssigkeit und Salzen über Infusionen ausgleichen. Damals, in den letzten Kriegsmonaten, konnten die Ärzte die Erkrankung nicht kontrollieren. Bärbel starb im Alter von drei Jahren. Der Vater war nach wie vor in Wien stationiert. Er hatte von der Erkrankung seiner Tochter erfahren und kam aus Wien nach Morsbach. Doch er kam zu spät. Bärbel, die einzige Tochter der Eltern, starb am 6. November 1944.

November 1944

Nun bin ich mit den beiden Buben allein. Ich bewohne noch die beiden kleinen Stübchen hinter dem Wohnzimmer. Ich weiß aber, dass Oma und Opa gerne unten schlafen möchten, oben ist es so kalt. Für meinen kleinen Michael aber auch. [...] Lange kann es ja so nicht mehr weitergehen. Wenn wir dann nur aus diesem fürchterlichsten aller Kriege übrig bleiben, wie wollte ich Gott danken! Aber wer weiß, welches Opfer Gott noch von mir verlangt! Sein heiliger Wille geschehe, es ist mein tägliches Gebet. Heute ist es sehr spät geworden. Wenn Opa es wüsste, würde er jetzt noch herunterkommen und mit mir schimpfen: der teure Strom! Er ist auch jetzt noch so sparsam, obwohl wir schon mit Geld die Wände tapezieren können, und man doch nichts mehr dafür kaufen kann. Aber alte Leute verstehen nicht diese total aus den Fugen geratene Welt. Ich will mir heute keine Gedanken mehr machen, was noch alles kommen mag! Ich will mich in die Arme Gottes werfen und alles Ihm anheimstellen. Eine gute Nacht wünsche ich allen meinen Lieben, besonders unserem lieben Vati im fernen Wien. Du aber, mein liebes Bärbelkind, halte deine Händchen über uns und führ uns glücklich durch die Wirren dieser Zeit, segne und beschütze uns! Amen!

Die Mutter hielt es in Morsbach nicht lange aus. Sie ließ ihre Beziehungen spielen: „Mit viel Mühe und Beziehungen zu meiner früheren Dienststelle, dem Landratsamt in Olpe, habe ich das Zimmer in der Etage meiner Eltern freibekommen." Die Mutter machte diesen Eintrag am 28. Dezember 1944. Offenbar hatten die Jahre in Wien an der guten Beziehung zum Landratsamt (und wahrscheinlich zum Landrat) nichts geändert. Nach wie vor hatte sie einen guten Draht zu der von Nationalsozialisten geleiteten Behörde.

Attendorn, Fest der unschuldigen Kinder
[28. Dezember 1944, C. W.]

Mein süßer kleiner Michael [...] ist mir Glück und Trost in meinem Kummer um unser Mädi und unsern geliebten fernen Vati. Unter Bärbelchens vergrößertem Bild, das mir meine Eltern schenkten, und dem bescheidenen Tannenbäumchen, mit Watteflöckchen und mühselig ergatterten Kerzenstümpfchen geschmückt, feierte ich still für mich den Heiligen Abend, das Herz randvoll gefüllt von übermächtigem Seelenschmerz. Willi, Bärbel! So schrie es unaufhörlich in mir. Aber mein guter Engel strich mir sanft über das Haar und ließ auch diesen Schmerz fruchtbar werden. –

Der Weihnachtsmorgen sah uns alle in einem Zimmer vereint zur „Bescherung". Die liebe Tante Mia [...] hatte für Peterle eine kleine Kanone erstanden, ein wahrhaft „zeitgemäßes" Spielzeug. Wir haben doch eigentlich genug davon, und ich wünsche, dass meine Buben niemals Freude an derlei Dingen gewinnen. Aber haben unsere Eltern nach dem Ersten Weltkrieg nicht ähnliche Gedanken gehabt? Und heute verbluten ihre Söhne an den Fronten im Osten und Westen. Und sind sie nicht vielfach noch mit heller Begeisterung ausgezogen, wenigstens in den ersten Jahren, als der Krieg noch günstiger für uns stand? So wird es wohl immer bleiben in der Geschichte der Völker. Der Wille des Einzelnen muss sich dem großen Staatsgeschehen unterordnen. Also, mein liebes Peterle, ob Du mit Lust oder Unlust mit Deiner kleinen Kanone spielst, später, wenn es wieder Ernst werden sollte, wirst Du nicht danach gefragt.

Am Ende des Ersten Weltkriegs war die Mutter vier Jahre alt, im Alter von 26 Jahren erlebte sie den Beginn des Zweiten Weltkriegs. Im 20. Jahrhundert griff Deutschland zwei Mal in Europa nach der Macht. „Das verbindet den Zweiten Weltkrieg mit dem Ersten und gibt dem geläufigen Wort vom zweiten Dreißigjährigen Krieg der Jahre 1914 bis 1945 eine gewisse historische Bedeutung."[1] Krieg muss der Mutter unvermeidbar, vielleicht sogar „normal" vorgekommen sein, deshalb rechnete sie mit einem weiteren Krieg. Legt man einen Zeitraum von 22 Jahren bis zum nächsten Krieg zugrunde, dann würde es für ihr Peterle im Alter von 27 Jahren wieder ernst werden. Damit rechnete sie, das „große Staatsgeschehen" erschien ihr unabänderlich. Als Kind und Jugendliche hatte Josefine die Weimarer Republik erlebt. Die Versuche, eine funktionierende Demokratie aufzubauen, scheinen bei ihr keine Spuren hinterlassen zu haben. Anders ist nicht zu erklären, warum sie annahm, ihr Peterle würde nicht gefragt, wenn es wieder ernst wird.

Die Mutter erinnert sich im Dezember 1945 an Peters Auftritt in der N. S. V. am Nikolaustag des Jahres 1944. N. S. V. ist die Abkürzung für die Nationalsozialistische Volkswohlfahrt, die u. a. Kindergärten betrieb.

Im Gebet dankte man nicht mehr Gott, sondern dem Führer für das täglich Brot: „Händchen falten, Köpfchen senken, immer an den Führer denken. Er gibt euch euer täglich Brot und rettet euch aus aller Not."[2]

7. Dezember 1945

Wenn ich mir nur den Nikolaustag des vergangenen Jahres ins Gedächtnis zurückrufe! Peterle ging in Attendorn mit Karin [Peters Kusine, C. W.] in den Kindergarten der NSV (Einen anderen von katholischen Schwestern geleiteten gab es nicht mehr, war von den Nazis verboten.) Man verstand es, das Weihnachtsgeschehen und die ganze schöne vorweihnachtliche Zeit zu entchristlichen. Aus Sankt Nikolaus, dem großen Helfer der Armen, wurde ein Berggeist, allenfalls ein Weihnachtsmann unbestimmter Herkunft. Die Engel hatte man zu Zwergen degradiert und kein einziges der schönen alten Advents- oder Weihnachtslieder hörten wir anlässlich jener „Nikolausfeier", zu der die Eltern der Kinder in den Kindergarten eingeladen waren. Aber unser Peterle erwies sich als der würdige Sohn seines Vaters: Er wurde vom Nikolaus beziehungsweise Weihnachtsmann nach vorne gerufen und zurechtgewiesen, dass er vor einigen Tagen kategorisch im Kindergärtnerzimmer erklärt habe, es gäbe keinen Weihnachtsmann, sondern nur den heiligen Nikolaus, dessen Fest unsere Kirche in diesen Tagen begehe. Und auch jetzt beteuerte er freimütig vor dem ganzen Gremium: „Ja, einen Weihnachtsmann mit Zwergen gibt es nicht, sondern den heiligen Nikolaus, die Mutti hat's gesagt, Schluss aus!" Totenstille im Raum. Aller Augen waren auf mich gerichtet. Ich habe nur gesagt: „Es stimmt!" Aber meinen Peter habe ich draußen an mich genommen und gedrückt vor Glück und Stolz. Möge dir immer unantastbar bleiben, was deine Eltern dich lehren, mögest du in einer Welt der Verwirrung und Anfechtungen aufrecht stehen und den Mut zum Bekennen haben, wenn es um Recht und Wahrheit und unser höchstes Gut, den Glauben, geht.

29. Dezember 1944

Ich halte glückselig ein Telegramm von Willi in den Händen. Er kommt, er kommt! Morgen ist sein Geburtstag, den können wir sicher zusammen „feiern". O mein Gott, wie danke ich Dir!

16. Januar 1945

Womit soll ich beginnen, mit dem Glück des Wiedersehens oder dem gestrigen schmerzvollen Abschied? Am letzten Tag des Jahres kam Willi, und justament am gleichen Tage wurde unser Peterle krank. Noch heute ist er elend und meist fiebernd. Ein guter Teil meines Zigaretten-Vorrats hat der Arzt bekommen. Es hilft nichts. In den nächsten Tagen fahre ich mit ihm zur Kinderärztin nach Olpe. Auch Michael, den bisher so gesunden Burschen, hat es gepackt. Unser Beisammensein war durch die Krankheit der Kinder sehr getrübt. Willi hat nicht eine einzige ruhige Nacht gehabt. Waren es nicht die Kinder, die weinten, dann waren es die feindlichen Flieger, die uns nun langsam auch hier im friedlichen Attendorn zu schaffen machen. Wie kann ich mit den kranken Kindern bei jedem Alarm in den Keller hinunter? Ach, dies ist überhaupt kein Leben mehr zu nennen! Tagsüber laufe ich über die Dörfer, um für die Kinder wenigstens einiges zum Essen aufzutreiben. Aber die Hühner legen so schlecht, Mehl haben sie selber nicht, die Kühe stehen im Trockenen, und Butter? Wer denkt noch an Butter! Bald wird es um Kartoffeln und ums tägliche Brot gehen. Dann hat die tägliche Vaterunser-Bitte wörtliche Bedeutung.

„Wer nie sein Brot mit Tränen aß …
(Und nie an einem Behelfsheimherdchen saß …) "

Willi zitierte es mit einem Galgenhumor vor einigen Tagen, als uns so unendlich schwer ums Herz war. Wo mag er jetzt wohl sein? Die Flieger sind sehr schlimm, und gerade Wehrmachtswagen befinden sich immer in großer Gefahr. Gott behüte ihn und bringe ihn gesund zurück!

Es war heute ein solch wunderbarer Wintertag. Ich habe mich mit Grete [Mutters Freundin, C. W.] [...] aufgemacht zu einer rechten Hamstertour. Weite Wege sind wir durch den Schnee gestapft und haben die weiße Wunderwelt in uns hineingesogen. Wir hätten wohl beim Schmaus in unserer geliebten Jagdhütte alles um uns her vergessen, wenn nicht die verschiedenen Mitbringsel in unseren Taschen uns daran erinnert hätten, dass unsere Winterwanderung leider sehr zweckbestimmt war. Vieles habe ich schon von unserem Bärbelein in Lebensmittel umgesetzt, – jedes Mal geht ein Stück meines Herzens mit weg. Aber das Leben hat das erste Recht. Meinen beiden Buben, die friedlich neben mir in ihrem Bettchen schlummern, geht es gottlob wieder besser.

Der Eintrag ist ein wenig kryptisch. Die Mutter und ihre Freundin waren auf „Hamstertour". Die Mutter wird gehamstert haben wie der Durchschnittshamster, so, dass die Vorräte zum Überleben reichen. Es gab aber immer auch Hamster und Hamsterer, deren Vorräte weit über ihren Bedarf hinausgingen. Was der Hamster mit seinen überflüssigen Vorräten anfängt, wissen wir nicht, es ist anzunehmen, dass sie im Laufe der Zeit verderben. Der Hamsterer hingegen, der Vorräte anhäuft, weiß genau, warum er das tut: Er macht damit Geschäfte.

Die Jagdhütte, kurz „die Hütte", war ein Zufluchtsort nahe Attendorn. Eine Holzhütte mitten im Wald. Mit dem Bau der Hütte war 1938 begonnen worden, Josefine hatte von Beginn an mitgeholfen. Nachdem ihr Will aus dem Gefängnis entlassen worden war, war er mit von der Partie. Ein Foto zeigt die beiden beim Richtfest auf einem Querbalken sitzend, nur durch einen Längsbalken getrennt. Die Köpfe nähern sich einander, was wirklich passiert, wird durch den Querbalken verdeckt. Ob sich die beiden Katholiken vor der Hochzeit geküsst haben?

1994 blickt die Mutter zurück.

29. Januar 1994

Die dann folgenden 14 Tage [nach Entlassung des Verlobten aus der Haft, C. W.] waren mit die glücklichsten meines Lebens. Grete und ich bauten an der Jagdhütte und hatten nun tüchtige Helfer. „Das war ein Singen ...", ein unbeschreibliches Frohsein, Wandern, Schwimmen, Erzählen, und die Gitarre begleitete uns [...]"

Die Hütte gehörte der besten Freundin der Mutter, der „Tante Grete". Niemand hätte vermutet, dass abseits von Straßen und Wegen in der Einsamkeit des Waldes ein Holzhaus steht. In der Hütte verbrachten die Kinder viele Ferientage. „Wir fahren in die Hütte", das hieß, wir verabschieden uns von der Zivilisation. Als die Front näher rückte, wurde die Hütte zum Zufluchtsort.

März 1945

Die Angriffe werden immer toller. Die Front rückt näher. Es ist allüberall eine furchtbare Stimmung. Wer denkt noch daran, dass wir den Krieg gewinnen? Aber die Nazi-Führer lassen kaltblütig tausende junger Menschen für die Rettung oder nur Verlängerung ihres eigenen Lebens verbluten. Es ist ein unsagbar grausames Spiel. Der Teufel regiert die Welt.

Tausende junger Menschen? In den letzten Kriegsmonaten kamen jeden Tag durchschnittlich 10.000 deutsche Soldaten ums Leben.[3]

19. März 1945

Ich bin eingezogen in die Hütte hier oben in die Waldeinsamkeit. Der Bruder von Herrn Mertens, ein Flüchtling aus Swinemünde, wohnt bei mir, gewissermaßen als mein väterlicher Beschützer. Allein hätte ich mich nicht hierher wagen können. Überall ziehen die gefangenen Russen umher, betteln um ein Stückchen Brot oder eine Kartoffel. Sie sehen verwahrlost und unheimlich aus. In Attendorn sind tausende. In den Lägern werden sie nicht mehr satt. Es sieht überhaupt langsam alles nach Auflösung aus.

In Attendorn waren Tausende russische Zwangsarbeiter interniert. Die Mutter findet die Russen „unheimlich", sie hat Angst vor ihnen. Sie konstatiert, dass die Russen in den Lagern nicht mehr satt werden, ohne weiteren Kommentar. Am Tag der Kapitulation schreibt sie:

Anfang Mai 1945

Tausende von Russen zogen plündernd durch die Stadt. Weinend und schreiend liefen die Leute hinter ihrer geraubten Habe her. Aber die Russen hatten nur ein höhnisches Grinsen für sie.

In Attendorn gab es bis zum Kriegsende 22 völlig überfüllte Zwangs-arbeiter-Lager. Die Zwangsarbeiter waren unter menschenunwürdigsten Bedingungen untergebracht, den Misshandlungen durch das Wachpersonal waren sie wehrlos ausgeliefert.[4] Dass Zwangsarbeiter um Brot bettelten, hatte seinen Grund, sie waren unterernährt und hatten Hunger. Die Mutter äußert keinerlei Mitleid mit den Zwangsarbeitern. Ihr einziges Gefühl ist Angst.

Es sind nicht nur die russischen Zwangsarbeiter, vor denen sie sich fürchtet. Sie kann ihre Abneigung gegen „die Russen" insgesamt nicht verhehlen. Wenn sie von ihrem Mann spricht, der immer noch nicht aus Wien zurück ist, wendet sie sich an Bärbel, ihr verstorbenes Kind, sie möge dem Vater ein guter Schutzgeist sein und ihn nicht in die Hände der „unmenschlichen Russen" fallen lassen. Im April 1945 nahm die Rote Armee Wien ein. Von ihrem ehemaligen Kindermädchen Poldi erhielt die Mutter die Nachricht, dass die Russen in ihrer ehemaligen Wohnung „gehaust" hätten, „viele Wertsachen entwendet, Flügel, Schallplattenapparat, Radio, Uhren, Anzüge und Wäsche – alles weg."

Josefines verwitwete Schwester Martha, eine ausgebildete Kontoristin, war in den letzten Kriegsjahren im Attendorner Rathaus beim Luftschutz dienstverpflichtet, wo auch zwei junge russische Zwangsarbeiterinnen eingesetzt waren. Martha lud die Frauen zu sich nach Hause ein, trotz der Armut der Familie. Es gab Potthucke zu essen, einen Kuchen aus geriebenen Kartoffeln mit Speck, eine Sauerländer Spezialität. Zum Abschied schenkte Martha jeder Russin einen Ring. Das war nicht ungefährlich, ihr Vorgesetzter machte ihr deshalb Vorhaltungen. Wenn meine Kusine Karin nach dem Krieg ihre Großmutter in Attendorn begleitete, wechselte diese gelegentlich abrupt die Straßenseite. Der Grund: Sie wich einem „Russenbock" aus, so nannte sie die ehemaligen Aufseher in den Zwangsarbeiterlagern.

Im Gegensatz zu ihrer Schwester und wohl auch ihrer Mutter hatte Josefine eine grundsätzliche Abneigung gegen „die Russen". Vielleicht lag es daran, dass sie keine Russen persönlich kannte. Vielleicht aber hat ihr katholisch gegründeter Antibolschewismus ihr Vorurteil befördert. Denn Antibolschewismus spielte bei der Hinwendung der Katholischen Kirche zum Nationalsozialismus eine wichtige Rolle. Der gottlose Bolschewik war der gemeinsame Feind.[5] Dass ihr Will Kommunismus und Bolschewismus ablehnte, ergab sich schon aus seiner Mitgliedschaft im Katholischen Gesellenverein. Das allgemeine Vorurteil gegen „die Russen" mag aber auch durch Himmlers Schrift „Der Untermensch" geschürt worden sein. Diese Schrift veröffentlichte Himmler nach dem Einfall der Deutschen in die Sowjetunion. Himmler verortet den Untermenschen im Osten, „mit menschenähnlichen Gesichtszügen – geistig, seelisch jedoch tiefer stehend als jedes Tier." In Vorzeiten waren es Attila und Dschingis-Chan, die den Hass gegen die „Träger des Lichtes" streuten, zu Himmlers und Hitlers Zeiten war es der Bolschewismus.[6]

Hätte die Mutter den Text im Original gelesen, sie hätte ihn mit Sicherheit so widerwärtig gefunden, wie er ist. Doch die Wirkung des Pamphlets mag vergleichbar gewesen sein mit den Büchern von Johanna Haarer. Indem sie den Zeitgeist ausdrückten, beförderten sie ihn. Und dem Zeitgeist war die Mutter wie alle Deutschen ausgesetzt. Der Antikommunismus und Antibolschewismus der Eltern überlebte das Dritte Reich um Jahrzehnte. „Der Russe" oder „der Sovjet", wie ihn Adenauer in seiner rheinischen Mundart nannte, war im Elternhaus das Feindbild Nummer 1. Irritierend war der Ausspruch des Vaters, Stalin habe das Blut aus Eimern gesoffen. Aus welchen Gefäßen hatte dann Hitler Blut gesoffen? In der Propaganda der NSDAP waren Antibolschewismus und Antisemitismus eng verzahnt.[7] In den revolutionären Bewegungen der Jahre 1917 und 1918 waren einige der führenden Köpfe Juden, z. B. Rosa Luxemburg in Berlin, Kurt Eisner in Bayern, Victor Adler in Wien und Béla Kuhn in Ungarn. Dies war ein willkommener Vorwand, den Antibolschewismus mit dem Antisemitismus zu verknüpfen. Die Vorlage nahm Himmler gerne auf: „Und diese Unterwelt der Untermenschen fand ihren Führer: – den ewigen Juden!"[6]

Während die Mutter „die Russen" in ihren Tagebüchern fürchtet, spielen Juden keine Rolle, das Wort Jude oder jüdisch kommt nicht vor, nicht mit einem Wort. Dabei ist anzunehmen, dass sie in Attendorn jüdische Mitschüler hatte. Es ist schwer vorstellbar, dass ihr der Exodus und die Deportation der Juden verborgen geblieben sind, nicht in Attendorn und auch nicht in Wien. Möglicherweise hat sie weggeschaut, wie viele Mitglieder der katholischen Kirche. Anzeichen eines aktiven Antisemitismus habe ich bei den Eltern nicht erkennen können. Als ich meinen Vater auf einer Reise begleitete, ich mochte 12 Jahre alt gewesen sein, bog er von der Autobahn ab und fuhr mit mir zur Gedenkstätte Bergen-Belsen. Er hat sich der Vergangenheit gestellt.

❧

Am 25. März 1945

Welcher Frühling! Sonne, Sonne, grünende Bäume und Wiesen und Felder, Vogelgezwitscher und Kinderlachen. – Aber können wir dessen froh werden? „O Gott, wie groß, wie gut bist Du, wie schön ist Deine Welt!" Doch was haben die Menschen aus ihr gemacht? Täglich brausen die Flieger über uns her und speien ihre verderbenbringenden Bomben über uns aus. Ich traue mich nicht mehr, noch Windeln heraus zu hängen, um nicht unnötigen Verdacht zu erregen. Wir hören bereits den Kanonendonner der näher rückenden Front. Es ist unheimlich. Und meine Buben wissen von nichts. Wohl fragt Peterle manches, aber meist ist er auf Entdeckungsfahrt draußen im Walde. Und Michael steht fast den ganzen Tag draußen in der Sonne und jauchzt und kräht vor Vergnügen. Er strotzt nur so vor Gesundheit. Meist bekommt er Brennnesseln, die hier wachsen, oder richtige Erdkohlrabi, die sogenannten „holländischen Rüben". Mit diesem Namen will man sie uns schmackhafter machen. Ich habe soviel Glück in meinem Kummer. Es muss wohl so sein, dass Gott zu jedem großen Glück einen Wermutstropfen Leid gießt und wer fände bei ihm nicht im schmerzlichsten Leid Trost und Hilfe? Beides trifft uns nie nur allein.

„O Gott, […] wie schön ist Deine Welt." Wären da nur nicht die Menschen. Doch die sind auch Geschöpfe Gottes. „Ich habe soviel Glück in meinem Kummer." Das schreibt die Mutter trotz der Flieger, der Bomben und des Kanonendonners, trotz Brennnesseln und holländischen Rüben, trotz des ungewissen Schicksals ihres Mannes. Trotz allem schreibt sie von ihrem großen Glück, in das Gott einen Wermutstropfen Leid gießt, nur einen Wermutstropfen.

Viel, viel Zeit hätte ich nötig, um meinem Herzen Luft zu machen. Welche Tage des Schreckens liegen hinter uns, und wissen wir, ob nicht noch schlimmere folgen? Am 27. März kam unser Vati unverhofft noch einmal zu uns. Es war alles wie ein Traum. Er brachte uns eine große Kiste Lebensmittel mit. Am Abend gab es ein fürstliches Mahl: Pfannkuchen! – Und unser Glück mit den Kindern, beide gesund und rotwangig. Ich wünschte nur, dass wir alle vier von der Erde in eine friedliche Welt hinweggehoben würden. Aber dann tat sich die Hölle auf.

Drei Tage vorher erhielten 72 mittelschwere Bomber der Royal Air Force den Befehl, die Eisenbahnverbindung zwischen Olpe und Attendorn zu zerstören. Da Olpe wegen einer Wolkendecke nicht sichtbar war, entschieden sich 22 Flugzeuge für das Ausweichziel Attendorn, wo zehn Minuten vor dem Eintreffen des Bomberverbandes Luftalarm ausgelöst wurde. Da es zuvor häufig Luftalarm gegeben hatte, ohne dass Bomben gefallen waren, wurde der Luftalarm von vielen Menschen nicht ernst genommen.[8]

Jener 28. März wird ein ewiger Gedenktag des Schreckens bleiben. 2 Angriffe auf unser Heimatstädtchen Attendorn. Was war das schlimmste? Das Bangen um Eltern und Geschwister und liebe Bekannte, die Fahrt mit Vati durch die noch brennende Stadt, flüchtende Menschen mit ihren letzten Habseligkeiten, der Anblick des Kirchturms unserer geliebten Pfarrkirche – wie kamen mir da die Tränen! –

132 Fünf-Zentner-Bomben zerstörten weite Teile der Stadt, viele Menschen starben.[8] Die Mutter bangte um Eltern und Geschwister, in der brennenden Stadt begegnete sie flüchtenden Menschen, aber die Tränen kamen ihr erst im Anblick des zerstörten Kirchturms ihrer „geliebten Pfarrkirche".

Die Bomben hatten viele Häuser zerstört oder beschädigt, auch das Haus von Grete, Josefines Freundin. Gretes Eltern und ihre Schwester hatten kein Dach mehr über dem Kopf. Ein Pferdewagen brachte ihre verbliebene Habe zur Hütte.

Ostern 1945

Das frohe Lockenpferdchen Lotte trabte hinter ihnen und zog ihre aus den Trümmern des Hauses geborgenen Sachen. Das Wiedersehen! Wir haben alle geholfen, möglichst viel zu bergen. Willi ist noch zweimal nach Attendorn gefahren am gleichen Tag. Um 2 Uhr in der Nacht legten wir uns dann in unsere Betten, die wir uns in der Küche auf dem Boden zurecht gemacht hatten. Es war, als sei jedes Gefühl in uns abgestorben von all dem Erlebten. Was half es, dass ich Willi händeringend davon zurückhalten wollte, nach Wien zu fahren? Die Amerikaner müssen in einigen Tagen hier sein. Dann ist der Krieg für uns zu Ende. Alles Weitere müssen wir Gott überlassen. Aber Willi ist doch zurückgefahren. Um 4 Uhr morgens erwarteten ihn seine Wiener Kameraden, denen er sein Versprechen gegeben hatte. Kommen Sie überhaupt noch durch? Von Grete, dieser guten Seele, hat er noch eine Plockwurst mit auf den Weg bekommen. Diesen letzten Abschied unter solchen Umständen werden wir nie vergessen! Werden wir uns nochmal sehen? Über uns und um uns lauert das Verderben.

Am 29. März 1945, Gründonnerstag, einen Tag nach der Bombardierung Attendorns und wenig mehr als ein Monat vor Kriegsende, machte sich der Vater um vier Uhr in der Frühe von Attendorn aus auf den Weg zurück nach Wien. Das war keine sonderlich gute Idee. Am selben Tag nahmen die Amerikaner Mannheim und Heidelberg ein, am nächsten Tag bombardierten die Bomber der US-Airforce Bremen und Hamburg. Am 15. April standen die Westalliierten an der Elbe, die Sowjetarmee näherte sich Wien. Doch was blieb dem Vater übrig? Wäre er nicht an seinen Standort zurückgekehrt, er hätte als Deserteur gegolten, und Deserteure wurde bis zu den letzten Kriegstagen erschossen.

Außerdem hatte er seinen mitgereisten „Kameraden" versprochen, sie zurück nach Österreich zu bringen. Die Mutter beschreibt ihre „Osterstimmung".

Ostern 1945

Ist denn kein Plätzchen da drinnen im Herzen frei für ein leises Ostergefühl? Wo ist der siegesfrohe Jubel des Osterfestes, wo könnte er aufkommen in dieser Karfreitags- und Weltuntergangs-stimmung? Wir gedenken am Abend des ersten Osterfeiertages mit Wehmut der unvergleichlich schönen Attendorner Oster-bräuche, die Lichterprozession, die Feier in der Kirche. Welche Sehnsucht wird in uns wach! Wo sind die frohen (Oster)glocken, die uns früher die Auferstehung des Heilandes verkündeten? O zeige Deine Macht und Dein Erbarmen, Du Auferstandener! Lass den Satan nicht länger Gewalt über uns gewinnen, gebiete den Mächten der Finsternis, lass die arme gequälte Menschheit zum Frieden und zur Ruhe kommen, lass es wirklich Ostern werden!

Die gute Mutter Mertens hat uns friedensmäßige Osterpfannku-chen gebacken, ein wenig heimlich, für „alle" reichten sie nicht. – Peterle durfte im Wald zwei Ostereier suchen. Wie freute er sich, und überall entdeckte er noch Spuren vom richtigen Osterhasen.

Anfang Mai 1945

Wo mag unser Vati sein? Ob er noch durch die Sperrgürtel amerika-nischer Panzer sich durchwinden konnte? Wie steht es um Wien? Die Nachrichten sind spärlich. Hier sind unsere Truppen in der Auflösung. Die Artilleriegeschosse pfeifen bereits über uns hinweg. Wir sind mit 23 Personen in drei Räumen der Hütte untergebracht. [...] Wir harren, oft zitternd und betend, der Dinge, die da kommen werden. Unter anderen haben sich auch zwei Offiziere unserer Wehrmacht hierher geflüchtet. Sie suchen, wie sie sagen, „Zivil-Klamotten", um nach Kriegsende „abhauen" zu können, um nicht in amerikanische oder englische Gefangenschaft zu müssen. Alle sind wir wie eine verschworene Schicksalsgemeinschaft. In solcher Not ist jedermann des anderen bester Freund. Wir teilen unsere letzten Vorräte. Die gute Frau Weber vom Vossiepen steckt mir manches Päckchen Butter zu für meine Burschen, die ja im Krieg so gut Hunger haben wie im Frieden. Schon lange ist das Brot eingeteilt, 3 Schnitten am Tag für jeden. Aber trotz allem jammern wir nicht, [...]

Über den folgenden Eintrag schreibt die Mutter „Mo", wohl die Abkürzung für „Montag". Am Montag, dem 7. Mai 1945, unterschrieb Generaloberst Jodl in Reims die bedingungslose Kapitulation der deutschen Wehrmacht. Die Kapitulation trat am Tag darauf um 23:01 Uhr in Kraft. Die Mutter schreibt nicht, wie sie von der Kapitulation erfahren hat. Nur wenige deutsche Zeitungen berichteten am 8. Mai über die Kapitulation. Gab es in der Hütte Radio? Hörten sie einen „Feindsender", vielleicht BBC oder Radio Vatikan? Oder hat sie es von den Amerikanern erfahren, die in Attendorn einmarschierten? Am 8. Mai (Victory in Europe Day) verkündete der Nachfolger Hitlers, Großadmiral Karl Dönitz, zwischen 12:30 und 12:40 Uhr über den Flensburger Sender die bedingungslose Kapitulation der Wehrmacht.

Mo

Ich weiß es nicht, in welcher Stimmung ich dies niederschreibe: Der Krieg ist aus!!! Gestern haben wir die ersten Amerikaner gesehen. Zunächst fühlen wir uns wohl befreit und erlöst von Bomben und Granaten. [...] Endlich dürfen meine Windeln draußen in der Sonne hängen und den Kinderwagen brauche ich nicht mehr mit einem dunklen Tuch vor Fliegersicht zu verdecken. [...] Grete und ich haben hinter der Hütte Herrn [Ms., C. W.] SA-Mantel feierlich begraben. Friede seiner Asche!

Eine Frau, die sich ihrer Gefühle sonst so sicher ist, weiß nicht, in welcher Stimmung sie über das Ende des Kriegs berichtet. Das Wörtchen ‚wohl' mindert spürbar das Gefühl der Befreiung. Zunächst einmal hat die Befreiung ganz praktische Konsequenzen, die Mutter kann wieder Windeln aufhängen und muss den Kinderwagen nicht mehr verstecken. Und dann helfen sie und ihre Freundin einem Verwandten der Freundin, seinen SA-Mantel loszuwerden. Sie, die sich dem BDM verweigerte und nie Mitglied der Partei war, begräbt den Mantel eines SA-Mannes, und das mit Humor. Vielleicht wollte sie die Erinnerung an die SA gleich mitbegraben.

Die Mutter hatte Kisten mit der Habe, die sie aus Wien gerettet hatte, in einem Haus nahe Attendorn gelagert. Als sie nach der Kapitulation in das Haus kam, waren die Kisten verschwunden. Sie schob das zunächst den Amerikanern in die Schuhe. Doch dann war sie sich nicht mehr sicher. Die Amerikaner kommen bei ihr wesentlich besser weg als „die Russen".

Mo

Dieses Entsetzen: Das Haus von Amerikanern besetzt, meine Kisten ausgeplündert. Wo ist meine von Wien mitgebrachte letzte Habe? Meine Wäsche, Schuhe, Willis Sachen? Manches habe ich mir aus Nachbarhäusern wieder zusammengetragen, wohin es die Amerikaner verschleppt hatten. Nur Amerikaner?

Stunde null: Zusammenbruch der Infrastruktur, Reichsmark ohne Wert, Rechtlosigkeit, Hunger und Obdachlosigkeit, Millionen auf der Flucht. Die Mutter schildert die Situation im Mai 1945, dem Monat der deutschen Kapitulation.

Mitte Mai 1945

Unsere Ria [Mutters jüngste Schwester, C. W.] ist mit mir gegangen nach Morsbach, 45 km zu Fuß. Eine Freude: Oma und Opa sind noch da und auch unsere Sachen. Am nächsten Tag haben wir uns auf unsere Fahrräder geschwungen, die ich ja noch in Morsbach stehen hatte, haben durch viele Militärkontrollen uns hindurchwinden müssen. Diese Angst um die Räder! Ein Fahrrad ist jetzt ein kleines Vermögen. Wie soll man sonst hin und her kommen, wo weder Bahnen noch Autos fahren? – Ich habe mich zu dem Entschluss durchgerungen, Peterle nach Morsbach zu geben. Dort hat er satt zu essen. Es ist mir recht schwer, denn wer weiß, wie lange er dort sein muss und ich ihn nicht wiedersehen kann. Aber wenn ich ihn nach Attendorn mitnehme, ist es schwer, das Essen herbeizuschaffen. [...]

Von der letzten Eintragung bis heute muss ich zunächst eine kleine Brücke schlagen. Ein großes Paket vorn aufs Rad gebunden, den Rucksack auf dem Rücken und meinen kleinen Pit hinten auf dem Gepäckträger, so sind wir gewalgt, bergauf, bergab. Schon nach 20 Minuten die Frage: Mutti, sind wir immer noch nicht da? Dann war er müde, dann hungrig, dann stieß sein Köpfchen immer an den Rucksack, die Augen wollten ihm zufallen vor Schlaf. (Wir hatten ja eine schreckliche Nacht hinter uns. Peterle hatte tags zuvor Rhabarber roh gegessen und musste nicht weniger als 8 Mal in der Nacht aufstehen. Was habe ich alles versucht, um sein Stöhnen zu unterdrücken, er hatte ja solche Bauchschmerzen.) – Ich selbst musste alle Kraft zusammennehmen, um durchzuhalten. Man glaubt überhaupt nicht, was der Mensch alles aushalten kann an körperlichem und seelischem Leid! Am Spätnachmittag kamen wir bei der Oma an. Der andere Tag begann mit einem schmerzvollen Abschiednehmen voneinander. Aber ich weiß Peterle in guten Händen. Und recht oft will er sein kleines Schwesterchen auf den Friedhof besuchen. Dann habe ich selbst dem kleinen Grabhügel einen Besuch abgestattet. Auch hier die Spuren der letzten Kriegstage: das schöne Grabkreuzchen hatte der Artilleriebeschuss weggerissen. Du wirst ein schönes neues haben, mein kleines Engelein.

3 Tage später bin ich dann mit meinem kleinen, dicken Glücksbündel, dem Michael, nach Attendorn zu meinen Eltern übergesiedelt.

Der Mutter wird es mehr als nur „recht" schwer gewesen sein, sich von ihrem gerade fünf Jahre alten Sohn zu trennen. Doch in der Stadt gab es für ihren Ältesten nicht genug zu essen, im Dorf, bei den Großeltern, sah es besser aus. Hier gab es Kühe, Hühner, Kaninchen und einen Gemüsegarten. Trotz Armut wurde hier nicht gehungert. Von ihrem Mann hört sie nichts.

Willi! Du! Könnte ich nur einen einzigen Brief mit Dir tauschen, wüsste ich nur, dass Du lebst, dass wir uns auf dieser Welt noch einmal wiedersehen?! Steckrüben wollte ich essen und in einer Höhle wohnen, – aber bei Dir sein! Heute glaube ich, es nicht noch länger ertragen zu können. Es ist der schwerste Tag bisher. Kaum zehn Tage bin ich hier, aber ich habe das Gefühl, es wären Jahre und die Zeit abgelaufen, weil es nicht länger zum Aushalten ist. Wie oft bin ich nun hin und her gewandert! Von all meinen Lieben habe ich nur noch meinen kleinen Michael bei mir, und auch er ist den lieben Hausgenossen noch zu viel. Sein Wägelchen verschandelt angeblich den Hausflur, der ohnehin durch Bombeneinwirkung schrecklich aussieht, sodass eigentlich ein sauberer weißer Kinderwagen eher eine Zierde für ihn wäre. Aber ich schleppe ihn jedes Mal zwei Treppen herunter und wieder hinauf. [...] – Ach Vati, weißt du, wie wehe das tut? Nur geduldet sein, nirgendwo mit den eigenen Kindern ein Zuhause haben? Ich gehe jetzt in die Klosterkirche, dort ist Andacht. Im Gebet will ich meinem Herzen Luft machen. Gott ist ja der ewig Unveränderliche, der niemals seine Hand von uns zurücknimmt, wenn wir es nicht wollen.

Am gleichen Abend!

Ich muss noch sagen, wieviel Trost ich mir in der Kirche holen konnte. Ob es Einbildung oder der heiße Wunsch der Vater des Gedankens ist: jedenfalls habe ich soeben in der Küche meinen kleinen Michael umarmt und zu Mutter gesagt: Ich spüre, dass Willi diese Woche kommt. „Wie kannst Du Dich in einen solchen Gedanken hineinsteigern? Lass das, damit Du nicht enttäuscht wirst." – Ich lasse diesen Gedanken aber nicht los. Richtig besessen bin ich von ihm. Oh Bärbelein, vielleicht waren es doch nur die überreizten Nerven, die mir das Wunschbild so deutlich vor Augen führten. Aber im Bewusstsein deiner gütigen und mächtigen Fürsprache glaube ich dennoch, dass wir bald mit unserem geliebten Vati wieder beisammen sein werden. Und wäre es nur ein Traum, so wäre dieser Traum doch unsagbar schön. Nun will ich noch ganz für mich allein einen kleinen Spaziergang machen. Den Atem Gottes in der Natur muss ich spüren, den Duft der Bäume und Blumen. Die Vöglein singen ja wie vor 100 Jahren, sie singen und fragen nicht, ob man sie anhört oder ihnen dankt. Wenn auch wir Menschen uns mit dieser hehren Aufgabe begnügen würden! Dann gäbe es keine hungernden Menschen, keine Trümmer, überhaupt keine Grenzen. Gott gab uns das Paradies, aber wir suchten Dornen und Disteln. Wir haben kein Recht, Ihn anzuklagen für das große Elend, das durch den Krieg über uns Menschen gekommen ist.

Juni 1945

Am 26. Mai 1945, jenem großen Glückstage in meinem Leben, hatte ich weder Zeit noch Worte, eine Eintragung zu machen. Wie war es noch? Ich stand in der Küche, ein kleines Stielpfännchen in der Hand, um Michael das Abendbreichen zu kochen, als Karin hereingestürmt kam: Onkel Willi ist gekommen. Mir fiel das Pfännchen aus den Händen, im gleichen Augenblick stand der Ersehnte und Erahnte schon in der Türe, und zwei glückliche Menschen lagen sich weinend in den Armen. – Umringt von Eltern und Geschwistern gab es ein langes Erzählen. 10 Tage hatte Willi, der nur bis vor die Tore Wiens gekommen war, gebraucht, um mit einem Fahrrad quer durch Deutschland in die Heimat zu kommen. Ich kann es heute noch nicht fassen, wie er durch über 70 Kontrollen sich winden und an der Gefangennahme vorbeikommen konnte! Da kam ihm der Ausweis über seine halbjährige Haftzeit, die er unter Hitler wegen „staatsfeindlicher Betätigung" durchmachen musste, wohl zustatten. Wie traurig war unser Vati, dass er seinen „Ältesten" nicht antraf. Michael aber wandte sich von ihm weg. Was wollte denn der „fremde" Mann von ihm? Nun ist Willi in Morsbach, um sich dort anzumelden und Papiere zu bekommen und Lebensmittelkarten, auf die es allerdings kaum etwas gibt. Aber von Morsbach aus will unser Vati dann seine Fühler ausstrecken, um einen neuen Beruf und für uns alle ein Dach über dem Kopf zu finden. Unser Bärbelein möge ihn an die Hand nehmen und ihm den rechten Weg weisen. Ich aber kann nur täglich die Hände zum Dankgebet falten.

ANMERKUNGEN

1. Heinrich August Winkler, *Der lange Weg nach Westen. Deutsche Geschichte II. Vom „Dritten Reich" bis zur Wiedervereinigung.* München, C.H. Beck 2014, S. 116
2. Nationalsozialistische Volkswohlfahrt. at https://de.wikipedia.org/wiki/ Nationalsozialistische_Volkswohlfahrt (aufgerufen am 6. Juli 2019)
3. Ian Kershaw, *Höllensturz.* München, Deutsche Verlagsanstalt 2016, S. 547
4. Otto Höffer, *Zwangsarbeiter in Attendorn.* Vortragsmanuskript zum Vortrag auf Burg Schnellenberg 2001
5. Dietmar Süß, *„Ein Volk, ein Reich, ein Führer" Die deutsche Gesellschaft im Dritten Reich.* München, C.H. Beck 2017, S. 110
6. Heinrich Himmler, *Der Untermensch.* In: SS-Hauptamt-Schulungsamt, ed., Nordland Verlag 1942
7. Robert Gerwarth, *Die Geburt des Antibolschewismus.* In: Rigoll, eds. Der Antikommunismus in seiner Epoche. Göttingen, Wallstein Verlag 2004, S.49-55
8. *Der Bombenangriff auf Attendorn am 28.03.1945.* Erinnerungsstätte Rathaus Attendorn

Die Not der Nachkriegsjahre (1945–1949)

„Er war für die ganze Gemeinde nicht irgendein Beamter, sondern ein Mensch, der mit allen, vor allem mit den Armen, empfand. "

Bürgermeister Schmalschläger zum Abschied von Wilhelm Wagener aus Eckenhagen[1]

D er Krieg war vorbei, Deutschland war verwüstet. 1946 kam der Schweizer Schriftsteller Max Frisch nach Frankfurt am Main, in seinem Tagebuch hielt er die Erinnerung an die zerstörte Stadt fest: „Das Gras, das in den Häusern wächst, der Löwenzahn in den Kirchen, und plötzlich kann man sich vorstellen, wie es weiterwächst, wie sich ein Urwald über unsere Städte zieht, langsam, unaufhaltsam, ein menschenloses Gedeihen, ein Schweigen aus Disteln und Moos [...]"[2]

Mobilität wurde zum Fremdwort, Straßen, Eisenbahngleise, Brücken, alles zerstört. In den Städten gab es weder Strom oder Gas noch Wasser. Öfen, die noch funktionierten, konnten anfangs mit den Holzresten aus dem Schutt der Ruinen geheizt werden, doch dieser Vorrat war schnell aufgebraucht. Lebenserhaltende Medikamente waren rar. Bis zu den Rationierungsmaßnahmen der Alliierten war die Verteilung der Lebensmittel völlig ungeregelt, vor allem in den Städten gab es nichts zu essen. „In Deutschland selbst waren 40 Prozent des Gebäudebestands der Vorkriegszeit zerstört, zehn Millionen Wohnungen insgesamt, so dass bei Kriegsende über 50 Millionen Menschen behelfsmäßig in Trümmern und Ruinen lebten, verzweifelt auf der Suche nach Nahrung und Unterschlupf."[3] Etwa 10 Millionen Flüchtlinge kamen nach Westdeutschland, 1950 war ein Drittel der Bevölkerung der neuen Bundesrepublik Deutschland nicht auf deren Gebiet geboren.[4] Da die Städte zerstört waren, wurden die Flüchtlinge überwiegend auf dem Land untergebracht, dies stellte besonders ländliche Gemeinden vor riesige Probleme. Die Sprache der Geflüchteten klang in den Ohren der einheimischen Bevölkerung häufig fremd, zudem gehörten sie oft einer anderen Konfession an. In Meinungsumfragen von 1949 bezeichneten 60 Prozent der einheimischen Bevölkerung und 96 Prozent der Vertriebenen das beiderseitige Verhältnis als schlecht[5]. Willkommen waren die Flüchtlinge nicht.

Hier einige Notizen der Mutter zu den Zuständen in den Jahren nach dem Krieg.

März 1946

Von [Freunden, C. W.] bekommen wir einen Karren Mist. Mist ist Gold. Schwester Antonhilde aus dem St. Josefsheim sammelt und trocknet den Kuhfladen auf der Straße, um ihn ihrer Schwester nach Essen zu schicken, damit diese in den Trümmern ihres Hauses ein paar Salatköppe ziehen kann! Ein Zeichen der Zeit.

Mai 1946

Es ist erschreckend, was man allüberall hören muss. Die furchtbare Not der Stadtbewohner nutzen [die Bauern, C. W.] skrupellos aus und nehmen ihnen das letzte ihrer Habe aus den Händen. Es ist Judasgeld und wird keinen Segen bringen. Gottlob gibt es noch andere, die das Leid und die Not ihrer Mitmenschen teilen und sich nicht gewissenlos bereichern. Wir kennen auch solche.

Mai 1947

Es ist sehr schlimm mit allem. Das Maisbrot ist kaum zu essen. Für mich ist es besonders arg [die Mutter ist schwanger, C. W.].

Ich habe wenig Appetit, am wenigsten aber auf dieses grässliche gelbe Brot.

Juni 1947

Gewiss leben wir in einer schweren Zeit, wie sie die Menschen noch kaum gekannt haben. Wir ringen im wahrsten Sinne des Wortes um das tägliche Brot. Ohne Tauschware gibt es weder Schuhe noch irgendein Kleidungsstück. Auch meine Kinder gehen immer barfuß, Peter sogar in die Schule.

Als der Vater am 26. Mai 1945 endlich nach Hause kam, wurde das Zimmer zu klein, das die Mutter mit Michael bewohnte. Anlässlich des ersten Geburtstags erläutert sie dem Einjährigen den Entschluss zum Wohnungswechsel.

8. Juli 1945

Heute feierst du deinen Geburtstag, mein kleiner Michael. [...] Ein strammer Bursche bist Du mit dicken roten Backen. Dein Vati, und natürlich ich erst recht, sind ordentlich stolz auf dich. Denk Dir, wir werden schon wieder umziehen! Heute waren wir mit Tante Grete in der Hütte. Sie hätte sehr gern, wenn sie dauernd besetzt wäre, damit sie nicht, wie es schon wiederholt passiert ist, ausgeplündert wird. Also werden wir in den nächsten Tagen unser „Krämchen" auf einen Flachwagen laden und mit dir hinaufgehen, diesmal unter anderen Vorzeichen. Unser Vati ist dabei. Seine Berufsfrage kann er auch von dort aus klären. Ich freue mich sehr, Mischi, und dir wird die Waldluft gut tun.

In der Tat, die Waldluft tat Mischi gut.

Mitte Juli 1945

Michael! Ich muss dir noch ein kleines Kapitel widmen. Ich habe dich auf „weanerisch" „wiedergetauft", du heißt jetzt Kraxelhuber. Der Name passt großartig, finde ich. Überall kraxelst du hier in der Wildnis herum, fällst von einer 2 m hohen Brücke ins Siefen und fühlst dich dort scheinbar so wohl, wie wenn du in ein Daunenbett gefallen wärest. Und bis ich dich endlich dort fand! – Auf Stühlen und Bänken kletterst du herum und zu Tante Gretes großem Leidwesen kannst du die meisten ihrer Sachen so gut gebrauchen. Ihre verzweifelten Blicke, wenn sie uns besucht, sprechen Bände. Weißt du, Mischi, der Tante Grete wünschen wir auch mal solch einen Burschen, wie du einer bist, dann werde ich sie mal fragen, ob sie ihm nicht auch ohne Bedenken ihre Schubladen und Schränke zur Verfügung stellt. (Dabei tue ich das hier um Himmelswillen nicht!) – Wenn wir noch lange hier sind, entfernen wir uns immer mehr von aller Zivilisation. Man braucht hier nie „angezogen" zu sein, es sieht nicht mal aus. Das Essen wird immer bescheidener, – oder werden wir es? Aber, dass du den Schneckensaft „in natura" zu dir nimmst, mein kleiner Michael, geht entschieden zu weit. Da sind Blätter u. Kieselsteine noch manierlicher. An deinen aus altem Zeug zurecht gemachten Hosen ist kaum noch die Grundfarbe zu erkennen. Wie sagt Tante Mia: wie ein richtiges „arme-Leuts-Kind".

Die Mutter beschreibt die Not, gegen die sie sich mit ganzer Kraft und großem Erfindungsreichtum stemmt.

Anfang August 1945

Die Tage beginnen schon kürzer zu werden. Ich muss die schöne altertümliche Petroleumlampe anzünden, um zum Schreiben sehen zu können. Lange darf sie aber nicht brennen, denn Petroleum ist auch eine Rarität. Außer Luft und Sonne ist eben alles Notwendige rationiert und trotzdem meistens nicht zu haben. Gestern hat Grete mir den Schneebesen „heimgeholt". Ich verstehe, dass sie ihn bei der großen Familie unbedingt gebraucht, aber mir war er ebenso unentbehrlich. So gewinnen alle scheinbar geringfügigen Dinge an Wert, weil sie einfach nicht zu haben sind!

Im Mittelpunkt des heutigen Tages steht die Errungenschaft eines –
Schneebesens. Ob ich in späteren Jahren, wenn man alles wieder
kaufen kann, noch nachempfinden kann, wie ich mich heute darüber
gefreut habe? Willi brachte ihn (heimlich) aus [dem, C. W.] Garten-
häuschen [einer Bekannten, C. W.] mit. Er hatte dort geholfen beim
Einrichten und anderen Arbeiten. So ist es im Leben: Je weniger ein
Mensch besitzt, umso leichter vermag er sich an kleinen Dingen
zu erfreuen. Der Reichtum macht satt und unzufrieden.

Nach Kriegsende machte sich der Vater auf die Suche nach einer neuen
Existenz. Für die Tausend-Seelen-Gemeinde Eckenhagen wurde ein
Bürgermeister gesucht.

Ende Juli 1945

Zum wievielten Male ist Willi heute nach Gummersbach gefahren?
Es will nicht klappen. Zuerst hat ihm der Landrat ohne Wenn und
Aber die Bürgermeisterstelle in Eckenhagen zugesagt, und jetzt er-
geben sich alle möglichen Schwierigkeiten. Ob Willi parteipolitisch
nicht richtig gesinnt oder für das evangelische Eckenhagen zu
schwarz ist – irgendwas ist da los. Doch mir bangt nicht um eine
gute Existenz, Willi schafft das schon. Aber es muss ja vor dem
Winter klappen, denn wir haben sonst kein „eigenes" Dach über
dem Kopf. Er tut mir jedes Mal leid, wenn er morgens in aller Frühe
sich aufs Rad schwingen und den weiten Weg bis Gummersbach
zurücklegen muss [bergauf und bergab,13 km hin und 13 km zurück,
C. W.]. Auch heute wird er gewiss erst spät zurückkommen. Welche
Nachricht mag er bringen? Unser Bärbelkind muss ihm helfen!

In der Tat, „irgendwas" war los. In Eckenhagen, nur 36 km von Attendorn
entfernt, dominierten die Protestanten, für Katholiken war dort Diaspora.[6]
Eine Delegation Eckenhagener Protestanten wurde beim Landrat in Gummersbach vorstellig, um das Schlimmste, nämlich einen katholischen Bürgermeister,

zu verhindern. Wahrscheinlich war den Eckenhagener Protestanten bekannt, dass der Vater sieben Jahre aktiv in der Kolpingsfamilie tätig gewesen war, man musste damit rechnen, dass es sich keinesfalls um einen lauen Katholiken handelte. Vielleicht war die Angst auch vom Katholizismus der Mutter gespeist.

Die Zuständigkeit zur Ernennung des Bürgermeisters lag inzwischen beim Regierungspräsidenten in Köln. Für den Vater bedeutete das eine deutlich längere Radfahrt, die Strecke von Eckenhagen nach Köln beträgt 63 km. Ende August fiel dann die Entscheidung.

Ende August 1945

Es hat geklappt. Willi ist zum Bürgermeister der Gemeinde Ecken-hagen ernannt. Nun können wir alles für die Übersiedlung nach Eckenhagen vorbereiten. Dann wird auch unser Peterle wieder bei uns frohen Einzug halten [Peter war noch immer bei den Groß-eltern, C. W.]. Mir ist ein wenig wirr im Kopf, wenn ich daran denke, dass mir der ganze Hausrat fehlt. Da muss ich wohl oder übel bei Verwandten und Bekannten betteln gehen um das Notwendigste. Aber diese Sorgen werden doch von der Freude des Gelingens überstrahlt. Dreimal war unser Vati in Köln, um die Entscheidung voranzutreiben. Endlich hat er sie nun buchstäblich erzwungen. Übrigens hat der Reg.Präsident gemeint, dass Willi wohl zu jung aussehe für ein solches Amt, worauf er ihm schlagfertig antwortete: „Herr Präsident, ich kann mir ja einen Bart wachsen lassen." Ich fand das ein wenig ungezogen von Willi, denn ein alter Beamter der königlich-preußischen Klasse kennt solchen (Militär) Verkehrs-ton nicht. Er hätte gewiss sogleich gerne ein Disziplinarverfahren anhängig gemacht. Auf der anderen Seite macht ja der Ton die Musik, und Willi wird schon um ein harmonisches Zusammen-klingen besorgt gewesen sein, – trotz des Bartes.

Der Bart war bei den Eltern ein No-Go. Niemand in ihren damaligen familiären und gesellschaftlichen Kreisen trug einen Bart. Die Vorstellung, sich einen Bart wachsen zu lassen, war allenfalls komisch. Dabei hätte ein Beamter der königlich-preußischen Klasse durchaus Sinn für einen Bart haben können, zumindest für einen Schnauz, man erinnere sich an unsere Hohenzollern-Kaiser. Die späteren Bärte der Söhne waren Ausdruck einer kulturellen Zeitenwende, wenn nicht eines Kulturschocks, den die Eltern nolens volens ertragen mussten.

In der am 5. Juni 1945 verkündeten „Berliner Erklärung" der Oberbefehlshaber der alliierten Streitkräfte heißt es: „Die Regierungen des Vereinigten Königreichs, der Vereinigten Staaten von Amerika, der Union der Sozialistischen Sowjet-Republiken und die Provisorische Regierung der Französischen Republik übernehmen hiermit die oberste Regierungsgewalt in Deutschland, einschließlich aller Befugnisse der deutschen Regierung, des Oberkommandos der Wehrmacht und der Regierungen, Verwaltungen oder Behörden der Länder, Städte und Gemeinden."[7] Sehr früh hatten die Alliierten Schlüsselpositionen der Verwaltung mit Personen besetzt, die nicht Mitglied der NSDAP gewesen waren. In Köln hatte man einen 75-jährigen pensionierten Verwaltungsjuristen zum Regierungspräsidenten gemacht, definitiv ein alter Beamter der königlich-preußischen Klasse, dem die Mutter ein Übermaß an Preußentum unterstellte.

Im September 1945 zog die Familie nach Eckenhagen. Eckenhagen liegt im Oberbergischen Land, es grenzt ans Sauerland. Das kam der Mutter entgegen, hinsichtlich der Landschaft fiel ihr die Umstellung leicht, weniger allerdings in Bezug auf die Größenverhältnisse der Kirchen.

Oktober 1945

Diese Zeilen schreibe ich in unserer neuen Heimat: Eckenhagen. Es ist ein Dorf mit 1000 Einwohnern, einer großen evangelischen und einer kleinen katholischen Kirche [...] Überaus reizvoll ist die Landschaft, der heutige schöne Spätsommertag hat sie mir in ihrem farbenprächtigsten Kleide gezeigt. Ich konnte mich nicht satt sehen an allem Schönen. Das bergische Land sieht ja unserem Sauerland sehr ähnlich, und ich glaube, dass ich mich bald hier wohlfühlen werde. [...]

Wir wohnen im Amt, in einer sehr geräumigen Dienstwohnung. Unsere wenigen Möbel sehen so verloren aus in den großen

Räumen. Inzwischen haben wir schon leihweise die Möbel einer früheren N.S.V.-Dienststelle bekommen, [...].

Was beschreibt das Bergische Land besser als das bergische Heimatlied, die „Bergische Hymne"? Ein Männergesangsverein, der Solinger Sängerbund 1854, sollte im Jahr 1892 dem Oberpräsidenten der preußischen Rheinprovinz ein Ständchen bringen. Der Oberpräsident hätte gerne eine Hymne auf das Bergische Land gehört, doch die gab es nicht. Er regte daraufhin an, den Mangel zu beheben. Der Anregung folgend dichtete der „Hausdichter" des Solinger Sängerbundes rasch eine Hymne, die Melodie komponierte der ehemalige städtische Musikdirektor der Stadt Bonn. Noch im selben Jahr war die Hymne fertig. Ein Jahr später kam der Oberpräsident erneut zu Besuch nach Solingen und der Solinger Sängerbund stellte ihm die neue Hymne vor. Die erste Strophe lautet:

> „Wo die Wälder dort rauschen, die Nachtigall singt,
> die Berge hoch ragen, der Amboss erklingt.
> Wo die Quelle noch rinnet aus moosigem Stein,
> die Bächlein noch murmeln in blumigem Hain.
> Wo im Schatten der Eiche die Wiege mir stand,
> da ist meine Heimat, das Bergische Land."

Der Gast war von der Hymne nur mäßig angetan, weil er den Hinweis vermisste, „dass in Solingen auch Schwerter geschmiedet wurden und dass die Bergischen Bürger bereit wären, diese für Heimat und Vaterland zu schwingen". Also wurde eine weitere Strophe hinzugedichtet, die sogenannte „Kaiserstrophe"[8].

> „Wo den Hammer man schwinget, mit trotziger Kraft,
> da schwingt man die Schwerter auch heldenhaft,
> wenn das Vaterland ruft, wenn das Kriegswetter braust,
> hebt kühn sich zum Streite die bergische Faust,
> dem Freunde zum Schutze, dem Feinde zur Schand',
> mit Gott für den Kaiser, für's Bergische Land."

Das ist das Ergebnis, wenn man den Preußen und dem Kaiser nach dem Mund redet.

Im Bergischen Land stand meine Wiege, ob im Schatten der Eiche, sei dahingestellt. Weiterhin sei angemerkt: Verglichen mit anderen Mittelgebirgen oder gar den Alpen ragen die Berge nicht übermäßig hoch, höchster Berg ist mit 519 m ü. NHN der Homert bei Gummersbach. Deshalb heißt das Bergische Land auch nicht Bergiges Land. „Bergisch" heißt es, weil es seinen Namen den früheren Landesherren, den Grafen von Berg, verdankt. Hier schließt sich der Kreis zur Heimatstadt der Mutter, Attendorn. Attendorn wurden im Jahre 1222 unter dem Kölner Erzbischof Engelbert II. von Berg die Stadtrechte zugesprochen.

Am 16. September 1945 wurde der Vater Bürgermeister der Gemeinde Eckenhagen. Ein Jahr später wurde die Gemeindeordnung auf Betreiben der englischen Besatzung geändert, nun wurde ein ehrenamtlicher Bürgermeister eingesetzt und der Vater wurde zum Gemeindedirektor ernannt. Im Flur des Rathauses der Gemeinde Reichshof, zu der Eckenhagen seit der Gemeindereform gehört, hängen heute Fotos der Gemeindeoberen. Der Vater ist gleich zwei Mal vertreten, sowohl in der Riege der Bürgermeister als auch in der der Gemeindedirektoren.

Am 18. September 1945 trat er seine Stelle an. Die Mutter schreibt:

18. September 1945

Der erste Tag machte ihm gleich den Kopf heiß. Nach den sehr schönen Einführungsfeierlichkeiten schlug wie eine Bombe die Nachricht ein, dass der Ort Eckenhagen belgische Besatzung aufnehmen muss. Zahlreiche Häuser und Wohnungen wurden beschlagnahmt und Willi musste für anderweitige Unterbringung der Verdrängten sorgen. Das war freilich ein schweres Beginnen, so gleich am Anfang so viel Fluchen und Schimpfen und Tränen zu parieren. Ich glaube, es wird nicht immer so leicht sein.

Hierzu eine Aktennotiz aus dem Archiv der Gemeinde Reichshof. „Anlässlich des Kommandeur-Wechsels am 27.9.1945 ließ der neue Kommandant der belgischen Besatzungstruppen in Eckenhagen den unterzeichneten Bürgermeister zu einer kurzen Besprechung in Anwesenheit seines Adjutanten und zwei weiterer Offiziere bitten.

Der neue Kommandant erklärte in seiner Begrüßungsansprache, dass er und seine Familie schwer unter der deutschen Besatzung in Belgien und deren Verfolgungen haben leiden müssen. Er sei selbst seit 1942 in deutscher Gefangenschaft gewesen und habe das System des Nationalsozialismus mit eigenen Augen wahrgenommen. […] In seinen Augen trage der Nationalsozialismus einzig und allein die Schuld am Kriege und an dem ungeheuren Leid, das die Welt und insbesondere auch Deutschland zu tragen habe. Deshalb sei die erste Voraussetzung für den friedensmäßigen Neuaufbau die restlose Ausmerzung des Nationalsozialismus. In dieser Arbeit erbat er sich die treue Hilfe der deutschen Zivilverwaltung. […] Den Verhältnissen entsprechend werde er streng, aber gerecht sein.

Der Bürgermeister erwiderte in seiner Ansprache, dass er als führendes Mitglied einer konfessionellen Jugendorganisation 10 Jahre im aktiven Kampf gegen den Nationalsozialismus gestanden sei und durch persönliche Opfer und monatelange Haftzeit mitgeholfen habe, das deutsche Volk von der Geißel des Nationalsozialismus zu befreien. Er stimme deshalb mit der Einstellung des neuen Herrn Kommandanten in seinen Anschauungen restlos überein und glaube, dass so die persönlichen Voraussetzungen für eine gute Zusammenarbeit mit dem neuen Besatzungschef gewährleistet seien. Er wies besonders darauf hin, dass die Möglichkeiten, welche die Gemeinde Eckenhagen den Besatzungstruppen bieten kann, begrenzt seien und erbat für diese Situation das Verständnis des Kommandanten."

Der Vater war kein Nationalsozialist. Dass er mehr als sechs Monate inhaftiert war, muss mit regimefeindlichen Äußerungen oder Verhaltensweisen zu tun gehabt haben, vielleicht war es die Bemerkung über den Oldenburger Kreuzerlass, wir wissen es nicht genau. Verschwiegen hat er dem Kommandanten gegenüber, dass er, so wie auch die Kolpingsfamilie, sich zunächst der neuen Bewegung aus taktischen Gründen angenähert hatte. Und wie ein offener aktiver Widerstand geendet hätte, wissen wir von den Attentätern des 20. Juli 1944. Er hat sich ein wenig überhöht, vielleicht im Sinne einer guten Sache, nämlich der Vermeidung von Requisitionsscheinen:

„Im Einzelnen wurden dann anschließend Einzelfragen besprochen, wie die Beistellung weiterer Einrichtungsgegenstände und Versorgungen. Nach den neuen Verfügungen ist die Gemeindeverwaltung gehalten, in jedem Falle Requisitionsscheine für durchzuführende Beschlagnahmungen zu erhalten. […] Da der Weg der Einholung von Requisitionsscheinen umständlich sei und in einigen Unterkünften, so besonders Offizierskasinos wie im Bürohaus notwendigste Einrichtungsgegenstände fehlen, schlug der Bürgermeister vor, einen freiwilligen Aufruf zur zeitweisen Überlassung von Einrichtungsgegenständen der Gemeinde zu veranlassen. Der Besatzungskommandant versprach dafür zu sorgen, dass bei einem Abzug der Truppe die leihweise überlassenen Einrichtungsgegenstände unter allen Umständen […] zurückgegeben werden."[9]

In derselben Akte befindet sich ein nicht näher bezeichnetes Schriftstück. Vielleicht handelt es sich um ein Protokoll, das von der Ansprache des Kommandeurs angefertigt wurde, vielleicht um ein Schreiben des Kommandeurs an den Bürgermeister. Die Weisungen an den Vater sind jedenfalls unmissverständlich.

„Sehr geehrter Herr Bürgermeister!

Ich habe sie heute hierher rufen lassen, um einen ersten Kontakt herzustellen zwischen Ihnen und mir, da ich in ihrer Gemeinde die Autorität der Besatzungsarmee vertrete.

Wir sind nicht hierhergekommen mit dem Ziel, Vergeltung zu üben. Und dennoch haben alle Soldaten meiner Einheit mindestens einen Grund, diese von dem deutschen Volk zu fordern für all das Schlimme, welches die Besatzung ihrem Land und noch mehr ihren Familien zugefügt hat. Viele von ihnen sind aus dem Lütticher Gebiet und Sie dürften sehr wohl wissen, dass dieses Gebiet ganz besonders unter der schrecklichen und verbrecherischen Waffe gelitten hat, die V Waffe genannt wurde.

Das, was Sie vielleicht übersehen, ist, dass diese deutsche Erfindung absolut keinen militärischen Nutzen eingebracht hat und nur die Zivilbevölkerung unter dem Einsatz dieser Waffe zu leiden hatte.

Kein militärisches Ziel wurde je getroffen und nur die Zerstörung der Wohnungen und Mord an den Zivilpersonen war das Resultat dieser V-Waffe.

Ich selbst habe meine Wohnung durch diese Waffe verloren; zu Beginn des Krieges wurde ich verwundet, gefangengenommen und während der deutschen Besatzung Belgiens als Geisel interniert.

Ich will damit sagen, dass ich genügend Grund hätte das deutsche Volk zu hassen, aber als Vertreter einer zivilisierten Nation werde ich keine Repressalien gebrauchen und auch von meinen Untergebenen nicht dulden, was gegen die mit ihrem Land unterzeichneten Abmachungen verstößt. Seien Sie jedoch versichert, dass dies meinerseits kein Zeichen von Schwäche ist, sondern dass ich fest an der Ausführung der mir anvertrauten Mission halten werde.

Ich mache Sie für die Einhaltung der Befehle in dem von Ihnen verwalteten Bezirk verantwortlich. Ich erwarte, dass die belgischen Truppen respektiert werden und dass die belgischen Offiziere von allen ihren Polizeiangehörigen gegrüßt werden. Soweit es sich um Ausführungen von Lieferungen für die Besatzungsmacht handelt, ist es keine Bitte, die ich tue, sondern ein Befehl, den ich Ihnen gebe und von dem ich sofortige Ausführung fordere.

Ich rechne mit Ihrem Verständnis der tatsächlichen Lage und ich erwarte, dass diese Forderung vollständig und ohne Ausreden erfüllt werden."[10]

Bei den „Vergeltungswaffen", kurz V-Waffen, handelte es sich u. a. um einen Marschflugkörper (V1) und eine Rakete (V2). Diese „Wunderwaffen" sollten den Vormarsch der Alliierten an der Westfront stoppen. Aufgrund mangelnder Zielgenauigkeit trafen sie jedoch in der Gegend von Lüttich und Antwerpen fast ausschließlich zivile Ziele.

Zwei Tage nach dem Treffen mit dem Kommandeur der belgischen Besatzungstruppen veröffentlichte der Bürgermeister eine Liste mit Gegenständen, die die Besatzungstruppen benötigten. Er bat die Bevölkerung der Gemeinde, aus ihren Beständen freiwillig alle nur eben entbehrlichen Gegenstände zur Verfügung zu stellen, „freiwillig" unterstrichen. Die Garantie für Rückgabe in ordnungsgemäßem Zustand sei gegeben worden. Wenn der Aufruf zur freiwilligen, leihweisen Überlassung keinen Erfolg habe, sei er zur Beschlagnahme gezwungen.

Der belgische Kommandeur erwartete von der Bevölkerung, dass die belgischen Truppen respektiert würden. Für die Einhaltung des Befehls machte er den Vater verantwortlich. Die Erwartung des Kommandeurs war begründet, besonders Jugendliche legten sich mit den Besatzungstruppen an. Versetzen wir uns in die Situation eines Sechzehnjährigen. Er wurde im Sinn des Nationalsozialismus erzogen, der Unterrichtsstoff seiner gesamten Schulzeit war nationalsozialistisch geprägt. Ein Verhalten, das noch vor wenigen Monaten erwünscht gewesen war und prämiert wurde, war auf einmal falsch, es sollte der Jugend möglichst geräuschlos abgewöhnt werden. Für manchen Jugendlichen war das schwer nachzuvollziehen. Entsprechend häuften sich Beschwerden über ihr Verhalten. Bereits im Oktober 1945 wandte sich der Bürgermeister an die Bevölkerung: „Ich weise nochmals ausdrücklich darauf hin, dass vor allen Dingen von der Jugend alle Allüren [handschriftlicher Einschub in der Schrift des Vaters: „Gewohnheiten", C. W.] der früheren NSDAP [handschriftlicher Einschub in der Schrift des Vaters: „und ihrer Gliederungen", C. W.] zu unterbleiben haben. Ich verstehe darunter auch das Gehen in Marschordnung, das Singen von Liedern und ähnlichem."[11] Offenbar war das Verhalten der Jugendlichen nicht auf Eckenhagen beschränkt. Der Landrat wandte sich im Dezember an die Bürgermeister seines Kreises. Er schrieb vom „Treiben schlecht erzogener Jugendlicher", die die Griffe belgischer Posten nachgeahmt und ihnen schließlich den „sogenannten Hitlergruß" dargebracht hätten. Außerdem, so der Landrat weiter, legten es deutsche Jugendliche darauf an, mit den belgischen Besatzungstruppen Streit und Schlägereien anzufangen. Er machte die Bürgermeister persönlich dafür verantwortlich, dass diesen „Dummheiten" Einhalt geboten werde. Denn: „Der Krieg ist restlos verloren, wie nur ein Krieg verloren werden konnte. Auch die ehemaligen Angehörigen der Hitlerjugend, die das Gegenteil von Erziehung genossen haben, haben sich diesem Zustand anzupassen."[12] Hätte man fünf Monate früher den Hitlergruß als „sogenannten Hitlergruß" bezeichnet und dazu noch in Anführungszeichen gesetzt, man hätte es wahrscheinlich nicht überlebt.

Der Landrat wusste, wo er die Ursache für das Benehmen der Jugendlichen zu suchen hatte. Er schrieb an den „Herrn Schulrat" seines Kreises. Betreff: „Verhältnis deutscher Jugendlicher zu den Besatzungstruppen." Und weiter: „Die äußere und innere Haltung der Jugend bereitet mir größte Sorge. Mit tiefster Erschütterung haben wir diese Jugend 12 Jahre lang Irrwege gehen sehen. Heute müssen <u>neue</u> Wege gezeigt werden; neues, besseres Menschentum muss Gestalt gewinnen und vorgelebt werden." Und dann wandte sich der Landrat an die Lehrer. Die Haltung der Lehrer beobachte er mit „banger Sorge". Die Zulassung zum Lehramt sei kein Freibrief für laue oder negierende Beeinflussung der zu Erziehenden. Jetzt, nicht einmal ein halbes Jahr nach dem Ende des dritten Reichs, sollte sich der Lehrer „mit ganzer Persönlichkeit" für die Erziehung der Jugend zu „demokratischem Denken, Fühlen und Wollen" einsetzen. Ein Lehrer, der von seinen Zöglingen noch bis vor einem halben Jahr die bedingungslose Unterordnung unter die Befehle des Führers gefordert hatte, sollte die Jugend jetzt zu demokratischem Denken, Fühlen und Wollen erziehen. Da stellt sich die Frage, ob man zu etwas erziehen kann, das man selbst nicht kennt. Dieses Problem schien auch dem Landrat bewusst zu sein: „Jeder zum Lehramt Zugelassene, der Hemmungen hat, sich rückhaltlos für die geistige Erneuerung der Jugend in demokratischem Geiste einzusetzen, kann ja in Ehren ausscheiden, um nicht ein Gesinnungslump zu werden."[13]

Die belgischen Streitkräfte waren Hilfskräfte im Auftrag der britischen Besatzungsarmee, sie waren am südlichen Rand der britischen Besatzungs-zone in Nordrhein-Westfalen und Hessen stationiert. Die Beschlagnahme von Wohnungen durch die Besatzungsarmee zeigte den Bürgern, wer jetzt das Sagen hatte, sie spürten es erstmals am eigenen Leib. Wo stand der Bürgermeister in diesem neuen Machtgefüge? Wessen Interessen vertrat er, die der Besatzer oder der Bürger? Und nach welchen Gesetzen entschied er? Nach ungeschriebenen Gesetzen oder nach Gesetzen des untergegangenen Dritten Reichs? Neue Gesetze gab es noch nicht. Die „Berliner Erklärung" der Alliierten vom 5. Juni 1945 sagt dazu:

„Es gibt in Deutschland keine zentrale Regierung oder Behörde, die fähig wäre, die Verantwortung für die Aufrechterhaltung der Ordnung, für die Verwaltung des Landes und für die Ausführung der Forderungen der siegreichen Mächte zu übernehmen."[14]

Andererseits gab es in Eckenhagen einen Bürgermeister, der vom Re-gierungspräsidenten in Köln eingesetzt worden war. Wie kam der Vater mit diesen unklaren Machverhältnissen zurecht? Die Mutter schreibt:

18. September 1945

Er [der Vater, C. W.] hat ein trauriges Erbe angetreten. Der Krieg ist verloren, das Land verwüstet, das Volk hungert. Seine Stellung wird den Einsatz des ganzen Menschen erfordern. Mit einem gesunden Hausverstand und einem offenen Herzen muss er „regieren", denn dieses Leben jetzt kann man nicht nach Paragraphen ordnen. Es gibt ungeschriebene Gesetze, die in uns wohnen, danach müssen wir unser Tun gestalten.

Im Mai 1946 zog die belgische Besatzung ab. Die Mutter kommentiert das so:

Mai 1946

Ziemlich plötzlich ist die belgische Besatzung abgezogen. Entgegen des gegebenen Wortes haben sie alles mitgenommen, was sie an Möbeln und Wertsachen hier von der Bevölkerung durch Beschlagnahme in Benutzung hatten. Willi ist aufs äußerste empört darüber.

Der belgische Kommandeur hatte sein Wort gebrochen, die Glaubwürdigkeit des Vaters wurde infrage gestellt, daher seine Empörung. Er machte das Verhalten der belgischen Besatzungstruppen öffentlich. In einer von ihm Anfang 1947 unterschriebenen Bescheinigung heißt es: „Auf Anordnung der belgischen Besatzungstruppen, die in der Zeit vom 10.9.1945 bis 6.3.1946 in Eckenhagen untergebracht waren, mussten eine große Anzahl Möbel und sonstige Gegenstände zur Verfügung gestellt werden. Die Truppe hat wiederholt versichert, diese Gegenstände vor ihrem Abzuge zurückzugeben, was nicht erfolgt ist."[15] Möbel und andere Einrichtungsgegenstände, die die Besatzer mitgenommen haben, sind detailliert aufgelistet.

Mai 1946

Er [der Vater, C. W.] hat von der Anwesenheit nicht den leisesten Nutzen gehabt, wie z. B. viele andere, denen Kaffee und Zigaretten wichtiger waren als ihre Ehre. „Lieber lutsche ich am Finger, als dass ich eine belgische Zigarette annehme", sagte er. Dabei muss man wissen, wie sehr unser Vati aufs Rauchen versessen ist. Und Bohnenkaffee kennen wir gar nicht mehr, seit Kriegsende.

Man wüsste gerne, was der Nutzen der vielen anderen war, der zum Verlust ihrer Ehre führte. Wie haben sie sich den ‚Besatzern' angedient? Was hätte der Vater für belgischen Kaffee und belgische Zigaretten tun müssen? Eine Zigarette war nicht nur für den aufs Rauchen versessenen „Vati" interessant, Zigaretten waren eine Währung, „Zigarettenwährung". Im Oktober 1946 entsprach eine Zigarette einer heutigen Kaufkraft von 9 bis 36 Euro.[16]

Der Bürgermeister war privilegiert, bereits im November 1945 fuhr er ein Auto, allerdings von fragwürdiger Zuverlässigkeit.

November 1945

Beinahe wären wir mit dem alten Ford, den Willi erstanden hat, nach Morsbach gefahren. Auf der Höhe bei Erdingen verließen ihn aber seine Kräfte, und wir mussten mangels anderer Fahrtmöglichkeiten in einem Bauernhaus übernachten. Peterle war auch dabei. In aller Frühe kamen wir mit dem Omnibus wieder hier an. Trotz Willis schlechter Laune fand ich das Ganze sehr ergötzlich; nur bin ich die ganze Nacht in den feuchten, vor Kälte starrenden Betten nicht recht warm geworden. Das schönste von allem waren die leckeren Leberwurstbrote bei dem Bauer. Dafür habe ich gern eine schlaflose Nacht eingesteckt. Und alles andere Unangenehme auch.

In Wien hatte die Mutter erlebt, dass die Zartheit ihrer Bärbel darauf zurückgeführt wurde, dass die „altreichdeutschen Frauen" nicht kochen können. In Eckenhagen erlebte sie die Missgunst der „Leute" mit umgekehrten Vorzeichen:

Michael ist ein Prachtbursche mit dicken roten Backen. Die Leute wissen genau warum: Das Kind ist ein Beweis dafür, dass der Bürgermeister nicht auf Marken lebt.

Auf Marken leben. Die Wirtschaft war zusammengebrochen, Lebensmittel waren knapp und ungerecht verteilt. Die Städter hungerten, die Landbevölkerung weniger. Mit den von den Alliierten herausgegebenen Lebensmittelkarten wurde der Mangel verwaltet. Die vorgesehene Tagesration für erwachsene Normalverbraucher betrug 1550 Kilokalorien.[17] Heute wird der tägliche Kalorienbedarf einer 35-jährigen Frau von 65 kg mit etwa 2000 Kilokalorien angegeben. Kein Wunder, dass der Vater wenig mehr als 60 kg wog. „Das ist für einen Mann seiner Größe ein KZ-Gewicht!", schreibt die Mutter Anfang August 1946.

1944 hatte die Mutter das Weihnachtsfest unter traurigen Umständen verbracht. Ihre Tochter Bärbel war im November gestorben, sie war mit ihren beiden Söhnen allein, ihr Mann war im Krieg. 1945 war der Krieg vorbei, die Familie war wieder vereint. Die Not war zwar groß, der Baumschmuck behelfsmäßig und das Jesuskind nicht vollständig. Doch umso größer war die Freude über kleine Geschenke – und die nächste Stufe „auf der Leiter zu Kultur und Zivilisation" erreicht.

Im Mittelpunkt des Festes stand die morgendliche Christmette im trauten Kirchlein Eckenhagens. Auch die häusliche Feier war sehr schön, obwohl sie an den „Glanz" früherer Weihnachtsfeste nicht heranreichen konnte. Aus gekochtem Zeitungs- und Buntpapier und Watte hatte ich Baumschmuck gebastelt. Ein einarmiges Püppchen diente als Jesuskind in einem kleinen selbst gezimmerten Krippchen. Aber das innere tiefe Erleben des Festes wurde durch manchen äußeren Mangel nicht gestört. Am zweiten Weihnachtstag waren erstmalig die Eltern aus Morsbach hier. Wir sind mit ihnen den wunderschönen Weg zum Blockhaus gewandert. – Eine besondere Freude hat mir unsere Kathrin Hammer [eine Freundin der Eltern, C. W.] gemacht. Unter den bescheidenen Weihnachtsgaben lag ½ Dutzend rostfreier Essbestecke. Ich bin überglücklich darüber und will nicht wissen, wie sie an solche Rarität herankam. Meine ganzen schönen Silberbestecke sind mir ja beim Einzug der Amerikaner abhanden gekommen mit vielen anderen Sachen, die wir heil noch aus Wien mitgebracht hatten. Nun brauche ich wenigstens keine Messer mehr zu scheuern; eine Stufe sind wir wieder auf der Leiter zu Kultur und Zivilisation emporgeklettert.

Der Vater war gerade zwei Monate Bürgermeister, er vergrub sich in der Arbeit.

Oktober 1945

Unseren Vati sehe ich nur bei den Mahlzeiten. Er hat sich buchstäblich festgebissen in seine Arbeit. Ich weiß ja am besten, wie strebsam und ehrgeizig er ist und nicht eher ruhen wird, bis er in die Materie derart eingearbeitet ist, dass er seine Amtskollegen erreicht beziehungsweise überflügelt hat. Bis in die Nacht hinein liest und verschlingt er buchstäblich alle Fachzeitschriften, denn immerhin sind eine Anzahl Jahre vergangen, seit er die Verwaltungslehre abgeschlossen hat. Nun heißt es aufholen, dass der Sattel unter ihm nicht wankt.

Die Probleme, die der Vater zu bewältigen hatte, erforderten übermenschliche Kräfte. Im Dezember 1946 beschrieb er auf einer Sitzung der Gemeindevertretung die Lage. Etwa 3.500 Evakuierte und Ostvertriebene waren seit 1939 in die Tausend-Seelen-Gemeinde eingewiesen worden. Dadurch hatte sich der Charakter der früheren Landgemeinde radikal verändert. Der Ernährungs- und Gesundheitszustand der Menschen war „stark angeschlagen", so der Vater. Es gab praktisch keine Nahrung für Säuglinge und Kleinkinder. Die wirtschaftliche Lage der „gewissenhaften Bauern" wurde immer trostloser. Einerseits mussten sie auf Befehl der Militärregierung alle landwirtschaftlichen Produkte erfassen und abliefern, andererseits fehlte es an Kunstdünger, Maschinen, Geräten und Ersatzteilen. Die hohe Schlacht-viehabgabe ruinierte die landwirtschaftlichen Betriebe. Die Bezugsmarken für die Zuteilung von Schuhen und Spinnstoffwaren waren völlig unzureichend. Um die Dramatik dieser Situation zu veranschaulichen, gab der Vater ein Rechenbeispiel. Danach wäre bei der aktuellen Zuteilung der Bezugsmarken der Bedarf an Schuhen für alle Frauen der Gemeinde in 246 Jahren, der der Männer in 42 Jahren gedeckt gewesen. Erst in 300 Jahren könnte jede Familie der Gemeinde im Besitz eines Ofens sein.[18] Man wüsste gerne, auf welcher Basis er den Schuhbedarf von Frauen abschätzte, der Schuhbedarf seiner Frau konnte jedenfalls nicht Grundlage der Berechnung sein.

Unter den Grundnahrungsmitteln war vor allem die Versorgung mit Brot kritisch. Im Dezember 1946 froren die Schiffe auf dem Rhein ein, die das Getreide an die Umladeplätze bringen sollten. Die Bauern wurden aufgefordert, ihr restliches Getreide sofort auszudreschen und abzuliefern.[19] Der Vater schrieb: „Es muss alles getan werden, um das Schlimmste zu verhüten."[20] Mit dem „Schlimmsten" meinte er wohl den Hungertod.

Dass die Bauern ihr Korn nicht freiwillig abgaben, bekam die Mutter am eigenen Leib zu spüren:

Mai 1946 [?, C. W.]

Wir erleben einen herrlichen Sommer. Stolz beginne ich die Früchte meines Gartens zu ernten. Welch' schönes Gefühl, wenn man das Wachstum und Werden vom Samenkorn an miterlebt hat. Menschen, die täglich so mit der Natur durch ihre Arbeit verbunden sind, müs-sen sich auch besonders eng dem Schöpfergott verbunden fühlen. Sein Werkzeug sind sie ja, die Bauern, aber wird es ihnen bewusst? Wird ihr Herz geweitet von der Fülle des Natur- und Gottessegens?

August 1946

Die Besitzgier der Bauern ist anscheinend überall gleich groß. Folgendes Erlebnis möchte ich hier festhalten. Gestern war ein herrlicher Frühherbsttag. Grete und ich sind über Felder und Wiesen geschlendert, dankbar ob der Fülle des Segens überall.

Schwer beladene Erntewagen begegneten uns hier und dort. Die Bauern mochten wohl froh sein, im Voraus, – wenigstens nach menschlichem Ermessen, ihre Vaterunser-Bitte um das tägliche Brot erhört zu sehen. Grete hatte einen Korb mitgebracht. Wir wollten in den zurückgebliebenen einzelnen Ähren gewissermaßen die übriggebliebenen Stücklein sammeln, um daraus vielleicht ein zusätzliches Brot zu bekommen. Weit lag das bereits abgefahrene Ährenfeld des Bauern [...] vor uns. Hier wollten wir mit frischem Mut beginnen. Wollten! [Der Bauer, C. W.] stand mit einem großen Rechen bewaffnet, um weit ausholend das letzte Ährchen einzuheimsen. Als er uns kommen sah, musterte er uns aus zusammengekniffenen Augen und beschleunigte seine Bewegungen. Rische rasche, rische rasche. Gretes bescheidene Frage, ob wir uns einige zurückgebliebene Ähren auflesen durften, wurde nur mit einem sichtlich verärgerten Knurren beantwortet. Dann drückte er stoßweise zwischen den Zähnen hervor: „Verdammt noch mal, man sollte den Städtern wenigstens satt Brot geben!

Zu Ostern 1946 wandte sich der Vater an die Vertrauensmänner der Landbevölkerung der Gemeinde Eckenhagen. Es ging um „die Ärmsten der Armen".

„Die Gemeinde Eckenhagen hat im Herbst des vergangenen Jahres 42 Flüchtlingskinder aus dem Osten Deutschlands aufgenommen, die nunmehr [...] in der Jugendherberge Blockhaus ihre vorläufige Heimat gefunden haben. Auch hier sind die Unterbringungsverhältnisse bis heute recht dürftig und ich habe schon mehrmals, auch gegenüber der Bevölkerung der Gemeinde, darauf hingewiesen, dass diese Kinder trotz aller nur durchführbaren Fürsorgemaßnahmen die Ärmsten der Armen sind, die nichts von ihren Eltern und die Eltern nichts von ihnen wissen. Bevor die Kinder hier untergebracht wurden, haben sie viele Wochen und Monate eine schreckliche Flucht mit fast unsagbaren Entbehrungen erleben müssen. Der jetzige Gesundheitszustand fast sämtlicher Kinder ist immer noch erschütternd; von der Verpflegung der Kinder überhaupt zu schweigen. Ich sehe es deshalb als meine persönliche Sorge an, diesen

Kindern Liebe und Freude zu schenken, damit sie nicht zu sehr unter den dunklen Tagen ihrer Jugend zu leiden haben.

Noch wenige Tage, und das Osterfest steht vor der Tür. Es gilt, gerade diesen elternlosen Kindern an den Festtagen eine Freude zu bereiten, die Ihnen im Hinblick auf das vergangene Jahr nicht zuteil wurde. Nachdem die Eierzuteilung zum bevorstehenden Fest [‚ein Stück‘, handschriftlich vom Vater eingefügt, C. W.] sehr gering sein wird und mit einer Erhöhung nicht gerechnet werden kann, bitte ich, bei den Geflügelhaltern ihres Bezirks eine Eiersammlung für die vorerwähnten Kinder vorzunehmen. Ich bin davon überzeugt, dass jeder, der nur eben zu einer Spende in der Lage ist – Jedes Ei wird namens dieser Kinder dankbar entgegengenommen! – mithelfen wird, diesen Kindern wirklich ‚Fröhliche Ostern‘, wie sie unsere Kinder kennen, zu bereiten.

Allen Spendern spreche ich im Vorhinein meinen herzlichsten Dank aus.“[21]

Zu Weihnachten verschlechterte sich die Situation weiter. Der Gemeindedirektor wandte sich zusammen mit dem Ehrenbürgermeister erneut an die Bevölkerung.

[22]

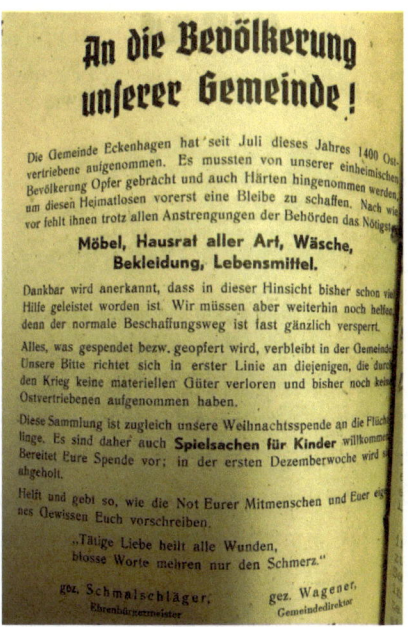

Hierzu passt ein Eintrag der Mutter zum Nikolausfest und zur Vorweihnachtszeit 1947.

Januar 1948

Die Mutti hatte dem lieben Nikolaus viele schöne gereimte Verse in den Mund gelegt, die der heilige Mann, alias Paul Lücke, in rechter Weise an den Mann bzw. an die Kinder zu bringen wusste. Auch der Mutti wusste er das Rechte zu sagen, dass sie viel mehr Geduld mit dem Vati haben müsse, der doch so viel Gutes für andere, bes. die Flüchtlinge, tue. – In der Tat hat Willi in den Wochen vor Weihnachten bei allen bekannten Firmen Textilien und Gebrauchsgegenstände buchstäblich erbettelt, und zwar in einer Menge, dass er damit über 400 große Pakete packen und an Flüchtlinge und arme Leute verteilen konnte. Am Abend vor Weihnachten stand draußen vor der Türe ein verschnürter Karton. Wir öffneten ihn und eine märchenhaft anmutende Torte kam zum Vorschein mit einem kleinen Zettel: „Eine dankbare Familie." Willi überlegte nicht einen Augenblick, sondern ließ den wieder verschnürten Karton durch einen Polizeibeamten bei einer kinderreichen Familie des Dorfes abgeben.

Es waren nicht nur die ganz praktischen Probleme wie Hunger, Wohnungsnot und Wassermangel, die den Vater belasteten. Es war auch die Auseinandersetzung mit der politischen Vergangenheit der Bewohner seiner Gemeinde. Ende der Sechzigerjahre wurde er zu einem Gedenktag nach Eckenhagen eingeladen. Er sprach dort über die Hinrichtung eines minderjährigen Polen, die sich während der Kriegszeit in Eckenhagen zugetragen hatte. Es war eine bewegende Ansprache. Im Archiv der Gemeinde Reichshof, zu der Eckenhagen heute gehört, fand sich die Akte zu diesem Fall.

Der Entnazifizierungsausschuss der Gemeinde Eckenhagen schrieb im August 1947 an den Kreisentnazifizierungsausschuss des Oberbergischen Kreises. Im Betreff: „Hinrichtung des polnischen Hilfsarbeiters Wladislaw Muszynski auf der Hasbacher Höhe am 22. März 1944." In dem Schreiben heißt es weiter: „Neben vielen traurigen Ereignissen in der Gemeinde Eckenhagen beunruhigt gerade heute noch die Hinrichtung des 17jährigen polnischen Hilfsarbeiters Wladislaw Muszynski die Bevölkerung in der Gemeinde."[23] Um Licht in das Dunkel dieses Falls zu bringen, vernahm der Ausschuss Einwohner Eckenhagens. Ein früherer Angestellter der Gemeindeverwaltung hatte „nur" im Absperrdienst eines Feldweges an der Hinrichtung teilgenommen, er verwies auf weitere Personen, die bei der Hinrichtung selbst anwesend waren. Außerdem benannte er eine Stenotypistin der NSDAP, die mehr wissen könne. Wer in dem Fall des jungen Polen Anzeige erstattet hatte, war dem früheren Angestellten nicht bekannt.[24] Nur für eine der Personen, die direkt an der Hinrichtung teilgenommen hatten, den ehemaligen Gendarmeriemeister H., findet sich in der Akte ein Vernehmungsprotokoll. Wer gegen den polnischen Hilfsarbeiter Anzeige erstattet hatte, wusste der Ex-Gendarm auch nicht mehr, er erinnerte sich aber noch daran, dass an einem Vormittag die Kölner Gestapo mit einem Lastwagen und einem Kommando erschien und die Hinrichtung vornahm. „Ich wurde dienstlich beordert, den Absperrdienst bei der Hinrichtung zu versehen. Soweit mir bekannt, hat auch die Partei Aufforderungen an die Hoheitsträger ergehen lassen, bei der Hinrichtung anwesend zu sein".[25] Mit der Durchführung der Hinrichtung sei weder die Polizeibehörde noch die Gemeindeverwaltung Eckenhagens „irgendwie" beauftragt gewesen. Das Urteil wurde von einem polnischen Dolmetscher verlesen, die Hinrichtung selbst wurde ebenfalls durch einen Polen vorgenommen. Beide Polen hatte die Kölner Gestapo mitgebracht. Nach „vollzogener Hinrichtung" wurden die in der Gemeinde ansässigen Polen an dem Galgen vorbeigeführt. Die Bevölkerung der Gemeinde Eckenhagens sei über die Hinrichtung allgemein empört gewesen, so der Gendarmeriemeister.[25] Die verhörte Stenotypistin, die bis Ende 1944 bei der Ortsgruppe der NSDAP als freiwillige Arbeitskraft beschäftigt war, hatte, so das Vernehmungsprotokoll, in der Sache des polnischen Hilfsarbeiters keinerlei Diktate aufgenommen oder Schreiben verfasst. Dass allgemein über den Fall geredet wurde, war ihr bekannt, an Einzelheiten erinnerte sie sich nicht, bis auf eine Ausnahme. Der polnische Hilfsarbeiter sei zum Tode verurteilt worden, weil er sich „unsittlich vergangen" habe. Doch die Einzelheiten zu diesem unsittlichen Vergehen waren ihr wiederum nicht bekannt. Abschließend betonte sie noch, dass sie „weder direkt noch indirekt mit der vorgenannten Angelegenheit irgend etwas zu tun hatte".[26]

So waren alle Bürger Eckenhagens reingewaschen. Wer Anzeige gegen den jungen Polen erstattet hatte, blieb im Dunkeln. Für die Hinrichtung war die Gestapo aus Köln zuständig, die Hinrichtung selbst wurde von einem Landsmann des Verurteilten erledigt. Der bei der Hinrichtung Anwesende wurde „dienstlich beordert", wahrscheinlich traf das auch auf die übrigen Anwesenden zu. Die Stenotypistin der NSDAP erinnerte sich, dass sich der Pole „unsittlich verhalten" habe, ansonsten erinnerte sie sich an nichts. Nach den Vernehmungsprotokollen bleibt der Fall so in Erinnerung: Ein Gestapo-Kommando aus Köln hat den 17-jährigen polnischen Hilfsarbeiter wegen eines sittlichen Vergehens gehenkt. Eckenhagener Bürger hatten damit nichts zu tun.

Die Vernehmungsprotokolle sind vom Vater gegengezeichnet. Man kann davon ausgehen, dass die Männer, die bei der Exekution zugegen waren, nach wie vor Mitbürger der Gemeinde waren und dem Vater auf der Straße begegneten. Möglicherweise hatte er auch dienstlich mit ihnen zu tun.

Der Fall Muszynski ist ein gutes Beispiel dafür, wie die Entnazifizierung nach dem Zusammenbruch der NS-Herrschaft verlief. Zunächst hatten die Alliierten die Entnazifizierung in die eigenen Hände genommen, die Amerikaner anfangs mit der größten Entschlossenheit. Beschuldigte und Verdächtige mussten Fragebögen zu ihrer Tätigkeit im NS-Regime ausfüllen, die von den Alliierten überprüft werden sollten. Doch das Personal reichte nicht, die Fragebögen mit der gebotenen Kompetenz und Sorgfalt auszuwerten. Immerhin waren zehn Prozent der Deutschen Mitglied der NSDAP, weitere Millionen Mitglied von Unterorganisationen der Partei gewesen.[27] Weil die Alliierten mit der Prüfung überfordert waren, wurden Anfang 1946 die Entnazifizierungsverfahren an die deutschen Behörden delegiert. Wie schon zuvor wurde bei der Selbstauskunft geschönt und gelogen. Für diejenigen, die vor einer Spruchkammer aussagen mussten, fanden sich in der Regel Nicht-Beschuldigte, die ihnen tadelloses Verhalten während der NS-Zeit bescheinigten. Immer fand sich eine Josefine, die ihren Chef entlastete. Die Aussagen wuschen die Ex-Täter weiß, wie Persil es schaffte, das Waschmittel für blendend weiße Wäsche. Daher der Ausdruck „Persilscheine".[28] Die Entnazifizierung durch deutsche Behörden fand rasch ein Ende. Bereits am 1. Januar 1950 trat ein Straffreiheitsgesetz in Kraft mit dem Ziel, die alliierte Entnazifizierungspolitik zu beenden. 1954 trat dann ein zweites Straffreiheitsgesetz in Kraft. Ziel dieses Gesetztes war die Bereinigung der durch „Kriegs- und Nachkriegszeit geschaffenen außergewöhnlichen Verhältnisse".[29]

Auch der Fall des Frisörmeisters Stodiek bewegte die Einwohner Eckenhagens. Durch Zufall waren zu diesem Fall die Akten aus der Zeit des Nationalsozialismus der Vernichtung entgangen. Der Frisörmeister redete beim Haareschneiden gerne über Politik, seine Standpunkte waren nicht immer mit der politischen Linie der Partei deckungsgleich, obwohl er vom Februar 1942 bis Juni 1943 der NSDAP angehört hatte. Der Zellenleiter K. – in der Parteihierarchie eine Stufe über dem Blockwart – wandte sich im Fall des Frisörmeisters an die Polizeiverwaltung in Eckenhagen. Dem Zellenleiter war bereits in den ersten Tagen von Stodieks Mitgliedschaft in der Partei dessen „arrogantes und unhöfliches Wesen" aufgefallen. „In seinen Unterhaltungen gefiel er sich in bissigen, hetzerischen, oft geradezu hochverräterischen Äußerungen", doch „leider waren seine hetzerischen und zersetzenden Angriffe gegen Partei und Staat immer so vorsichtig, dass er schwer zu fassen war." Für den Zellenleiter war Stodiek „ein sehr gefährlicher Defätist, der bewusst die Wehrkraft des Volkes zersetzen wollte."[30] Die Richtigkeit der Abschrift, in der der Zellenleiter den Frisörmeister denunzierte, war in Vertretung des NS-Bürgermeisters vom ersten Beigeordneten D. unterzeichnet.

Offenbar schien man sich nicht sicher zu sein, ob diese Anschuldigungen ausreichten, um den Frisörmeister ans Messer zu liefern. Deshalb wurde I. J., die Frau des Gauamtsrichters der NSDAP, auf ihn angesetzt. Frau J. war mit dem Gendarmeriemeister H., dem ersten Beigeordneten D. und dem Zellenleiter K. „bestens befreundet".[31] Sie kam zur Tischzeit zum Frisörmeister und bat, außerhalb der normalen Arbeitszeit bedient zu werden. Sie verwies auf ihren angegriffenen Gesundheitszustand und zwei kleine Kinder, weswegen sie den Weg aus ihrem Heimatdorf nach Eckenhagen nicht zwei Mal machen könne. Stodiek ließ sich darauf ein, er bediente sie persönlich. Er war während der Mittagszeit mit Frau J. allein, sie lenkte das Gespräch geschickt auf politische Themen.[32] Nach dem Treffen mit dem Frisörmeister traf sich Frau J. mit dem Gendarmeriemeister, der ein Gedächtnisprotokoll anfertigte und es gegenzeichnete. Hinsichtlich der NS-Ideologie war Frau J. zu einhundert Prozent auf Linie, der Entnazifizierungsausschuss der Gemeinde Eckenhagen bestätigte ihr „eine ins krankhafte hinreichende Begeisterung für den Nationalsozialismus".[33] Frau J. vertrat Stodiek gegenüber die gängige These vom Volk ohne Raum. Das sei Unsinn, erklärte der Frisörmeister, „ich habe Platz genug gehabt. Hätten Sie die Leute mal gefragt in Berlin und so weiter, die hätten einen für verrückt erklärt. Sie waren alle zufrieden, wenn sie gewollt hätten, es war auf dem Land genug Platz zum bauen und ankaufen". Seine Sicht, dass die Engländer gute Erfinder hätten, ließ Frau J. nicht gelten. Wenn alle so dächten, brauche man nicht zu kämpfen. „So ähnlich hätten die Verräter 1918 auch gesprochen." Im weiteren Verlauf wurde sie von Stodiek gefragt, was sie mache, wenn der Krieg verloren ginge. Frau J. gab zu Protokoll: „Ich sagte, dass ich, wenn es nötig sei, zu sterben wüsste." Sie zitierte dann den empörten Frisörmeister: „Aber ich hätte doch Kinder!" Darauf sie: „Die nehme ich mit, ehe [ich, C. W.] sie verschleppt, gequält oder getötet sehe. Ich hätte Ihnen das Leben gegeben, und würde das auch von meinem Gewissen verantworten." Frau J. zitierte den Frisörmeister: „Es sei ja sehr schön, wenn einer so dächte. Ob ich denn glaube, dass der Adolf und die anderen auch so dächten." Daraufhin Frau J.: „Wer mit seinem Volke so verbunden ist wie unser Führer, der weiß auch ruhmvoll zu sterben. Sterben ist leichter als leben, besonders bei solcher Verantwortung." Der Frisörmeister: „Ich finde es feige und gemein, wenn die sich in Sicherheit bringen oder eine Kugel in den Kopf schießen. Frauen und Kinder müssen hier zurück bleiben und alles ausbaden". Daraufhin Frau J.: „Unser Volk ist treu und gut, sonst hätte es nicht so viel geleistet. Schufte sind leider schon mal dabei, aber die brechen zum Glück meist bald den Hals. So wie <u>Sie</u> [vom Autor unterstrichen, C. W.] es verdienen."[34]

Frau J. zeigte den Frisörmeister bei der geheimen Staatspolizei in Köln an. Am 27. Dezember 1943 nahm ihn der Gendarmeriemeister auf Anweisung der Gestapo fest. Im Haftbefehl ist als Straftat „Heimtücke" vermerkt.[35] Die Aussage von Frau J. war für die Verhaftung ausschlaggebend.[33] Aussagen, die Stodiek entlasteten, hatte der Verwaltungsbeamte D. zurückgehalten.[32] Stodiek wurde am 26. Juli 1944 zum Tode durch den Strang verurteilt. Bei der Verurteilung Stodieks mag die „Verordnung gegen Volksschädlinge" eine Rolle gespielt haben, bei der in § 4 das gesunde Volksempfinden eine wichtige Rolle spielt. Wie krank dieses „gesunde Volksempfinden" war, zeigte Frau J. auf eindrucksvolle Weise.

Am 16. Oktober 1944 wurde das Urteil in Berlin-Moabit vollstreckt. „Mit Ausnahme der von Frau J. dem Frisörmeister [...] zur Last gelegten Aussagen lagen keine anderen Gründe vor, aufgrund derer Stodiek zum Tode verurteilt wurde."[33]

Nach Kriegsende war das Gerücht gestreut worden, Frau J. sei bei einem Bombenangriff ums Leben gekommen. Das hat ihr nicht geholfen, sie wurde aufgespürt und kam in ein Internierungslager. Im Mai 1947 war der Gendarmeriemeister noch nicht entnazifiziert und bezog als Ruhestandsbeamter Pension. Der frühere Zellenleiter und ehemalige Lehrer durchlief gerade das Entnazifizierungsverfahren. Der Beamte D. des Bürgermeisteramts war unter die „Gruppe der automatisch zu Verhaftenden" gefallen und befand sich im politischen Internierungslager.[36] Über den Ausgang der Verfahren gab es im Archiv keine weiteren Informationen.

Die Protokolle des Entnazifizierungsausschusses zum Fall des Frisörmeisters sind von Vertretern der CDU, der SPD, der KPD und einem Parteilosen unterzeichnet.

Man wünschte sich eine Verurteilung der Denunziantin J. und des Verwaltungsbeamten D., die für die Hinrichtung des Frisörmeisters maßgeblich verantwortlich waren. Doch die fand höchstwahrscheinlich nicht statt. Das Internationale Militärtribunal in Nürnberg, das gegen führende Nationalsozialisten Anklage erhob, machte das Dilemma deutlich, vor dem die Rechtsprechung stand. Tatbestände wie Verbrechen gegen den Frieden und Verbrechen gegen die Menschlichkeit, über die dort verhandelt wurde, waren juristische Neuschöpfungen, Rechtsgrundlage war ein

Kontrollratsgesetz vom 20. Dezember 1945. Zum Tatzeitpunkt gab es nämlich kein Gesetz, aufgrund dessen die Angeklagten hätten verurteilt werden können. Man begab sich auf „ein rechtliches Minenfeld".[37] Angesichts der schweren und abscheulichen Verbrechen, die in Nürnberg verhandelt wurden, überrascht die relativ geringe Zahl der Urteile: 24 Todesurteile, 20 lebenslange und 98 kürzere Freiheitsstrafen.[38] Wenn schon führende Nationalsozialisten ohne Verurteilung davonkamen, ist anzunehmen, dass auch diejenigen, die den Tod des Frisörmeisters Stodiek zu verantworten hatten, unbehelligt blieben. Hierfür sprechen auch die Straffreiheitsgesetze, die 1950 und 1954 in Kraft traten.

❧

Der Bürgermeister stand zwischen den Fronten, der Front der Einheimischen und der der Flüchtlinge, der Front der Bevölkerung und der der Besatzung, der Front der Ex-Nazis und der der Ex-Nicht-Nazis. Die rechtliche Situation war unklar, neue Gesetze gab es nicht, alte Gesetze waren durch die Nazi-Diktatur diskreditiert. Als Konsequenz der rechtlichen Unsicherheit musste er in vielen Einzelfällen entscheiden, hier einige Beispiele, alle vom Vater unterschrieben oder paraphiert.

E., den 16. 11. 1946.

1. An sämtliche Ortsvorsteher in der Gemeinde.

Betrifft: Sicherstellung der Brotversorgung; hier: Ausdrusch
und Ablieferung des Brotgetreides.

Die Kreisverwaltung Oberbergischer Kreis in Gummers=
bach teilt mir soeben fernmündlich mit, dass die Brotversor=
gung für das Kreisgebiet in der nächsten Woche nicht gesichert
ist. Lieferungen von Mehl aus dem Ausland oder übrigen Gegenden
der britischen Zone sind nicht zu erwarten. Die Bevölkerung
im hiesigen Kreise muss sich also selbst helfen. Um den Hunger
der Bevölkerung, besonders in den Stadtgemeinden, einigermassen
stillen zu können, muss nochmals die Landbevölkerung helfen.
Das bisher nicht zum Ausdrusch gelangte Brotgetreide muss also
am kommenden Montag gedroschen und am Diensag abgeliefert wer=
den.

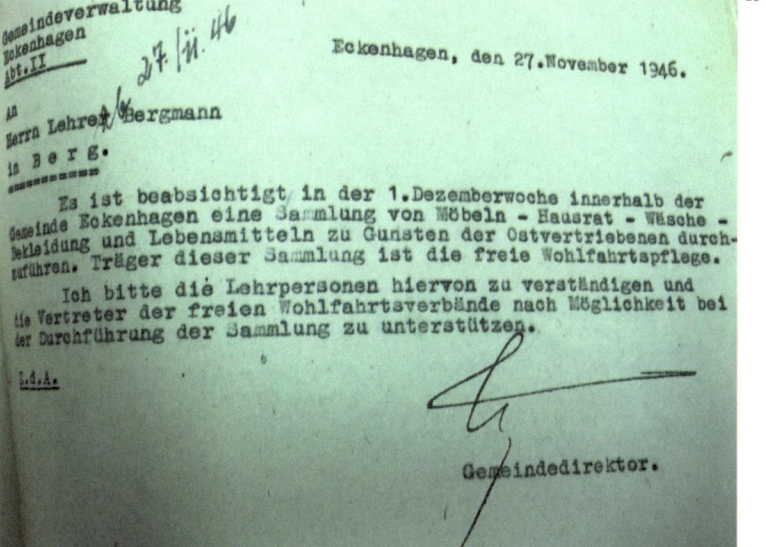

Gemeindeverwaltung
Eckenhagen
Abt.II

Eckenhagen, den 27.November 1946.

An
Herrn Lehrer Bergmann
in B e r g.

Es ist beabsichtigt in der 1.Dezemberwoche innerhalb der
Gemeinde Eckenhagen eine Sammlung von Möbeln - Hausrat - Wäsche -
Bekleidung und Lebensmitteln zu Gunsten der Ostvertriebenen durch-
zuführen. Träger dieser Sammlung ist die freie Wohlfahrtspflege.

Ich bitte die Lehrpersonen hiervon zu verständigen und
die Vertreter der freien Wohlfahrtsverbände nach Möglichkeit bei
der Durchführung der Sammlung zu unterstützen.

I.d.A.

Gemeindedirektor.

Abteilung II   Eckenhagen, den 13.Juni 1947.

1.) Die Firma Paul Weller in Kotthausen hat der Gemeinde Eckenhagen

a)	10 Herde	a. 61.- Rm.	=	610.- Rm.
b)	10 m Ofenrohr		=	20.- "
c)	10 Knieteile		=	20.- "
				650.-- Rm.

zur Verfügung gestellt.

Die Lagerung der Herde ist bei der Firma Schmalschläger in Eckenhagen erfolgt. Die Ausgabe erfolgt durch das hiesige Flüchtlingsamt an Ostvertriebene.

2.) Der Betrag wurde am 11.6.47 durch das Quittungsbuch bei der Gemeindekasse eingezahlt.

3.) Annahme- und Ausgabeanordnung bei Sachbuch B fertigen.

4.) Z.d.A.

Gemeindedirektor.

Gemeinde Eckenhagen   Eckenhagen, den 4. Nov. 1948
Der Gemeindedirektor

Abt. II.

1)
An die
Kreisverwaltung
Oberbergischer Kreis
- Flüchtlingsamt -

in Gummersbach

Betr.: Strohsäcke und Kopfpolster für die Flüchtlinge.

Vorg.: Verfügung vom 3. Okt. ds. Jrs.

Auf Grund der vorgenannten Verfügung wurden am 20. vor.Mts. die 24 Stück Strohsäcke mit Kopfpolster abgeholt. Bisher wurden insgesamt 5 Strohsäcke an Flüchtlinge verkauft.

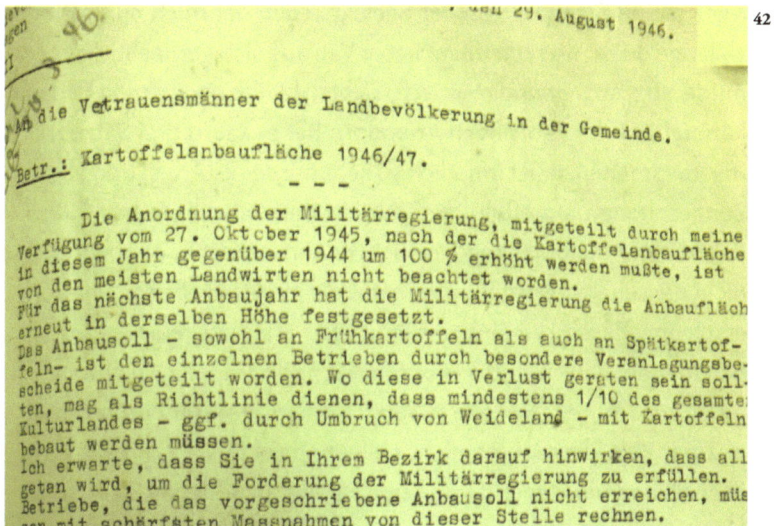

An die Vetrauensmänner der Landbevölkerung in der Gemeinde.

Betr.: Kartoffelanbaufläche 1946/47.

- - -

Die Anordnung der Militärregierung, mitgeteilt durch meine Verfügung vom 27. Oktober 1945, nach der die Kartoffelanbaufläche in diesem Jahr gegenüber 1944 um 100 % erhöht werden mußte, ist von den meisten Landwirten nicht beachtet worden.
Für das nächste Anbaujahr hat die Militärregierung die Anbaufläch erneut in derselben Höhe festgesetzt.
Das Anbausoll - sowohl an Frühkartoffeln als auch an Spätkartof-feln- ist den einzelnen Betrieben durch besondere Veranlagungsbe-scheide mitgeteilt worden. Wo diese in Verlust geraten sein soll-ten, mag als Richtlinie dienen, dass mindestens 1/10 des gesamte Kulturlandes - ggf. durch Umbruch von Weideland - mit Kartoffeln bebaut werden müssen.
Ich erwarte, dass Sie in Ihrem Bezirk darauf hinwirken, dass all getan wird, um die Forderung der Militärregierung zu erfüllen. Betriebe, die das vorgeschriebene Anbausoll nicht erreichen, müs sen mit schärfsten Massnahmen von dieser Stelle rechnen.

„Urschr. der Kreisverwaltung Oberbergischer Kreis – Sozialamt – in Gummers-bach unter Bezugnahme auf die Verfügung vom 16.1.1948 weitergereicht.
[…] Bezüglich der politischen Einstellung des Kriegsgefangenen W. P. bemerke ich, dass er in den Jahren 1933–1939 mehrmals von der Ge-stapo verhaftet werden sollte. Eine bevorzugte Entlassung aus politischen Gründen ist unbedingt gerechtfertigt."[43]

Die Kraft, die das Amt den Vater kostete, ließ wenig Zeit für Frau und Kinder. Ein Jahr, nachdem ihr Mann den Bürgermeisterposten in Eckenhagen übernommen hatte, hätte die Mutter mit ihm gerne in der Hütte Urlaub gemacht, doch daraus wurde nichts. Sie traute sich dem geistlichen Freund der Familie, Franz Wothe, an.

Jagdhütte, August 1946

Wie so ganz anders hatte ich mir die Ferientage mit Willi vorgestellt! Er hat mich einfach am Samstag in Attendorn abgeladen und ist umgehend nach Eckenhagen zurückgefahren, um vielleicht am andern oder übernächsten Tag wiederzukommen. Franz Wothe blieb von Sonntag bis Montag bei mir. An diesem Abend habe ich mir meinen Schmerz von der Seele geredet, der mich nun schon so lange quält. Was hat unser lieber Vati aus sich gemacht? Immer müde, abgespannt und mürrisch, nichts, das ihn noch richtig freuen könnte! Auf der Fahrt nach Attendorn hat er kaum drei Sätze mit mir gesprochen. Er ist innerlich so sehr mit seiner Arbeit und allem Zeitgeschehen angefüllt, dass für ein persönliches Leben kaum Raum übrig bleibt. Er sagte selbst vor kurzem noch, dass er noch nicht die Lebensform gefunden habe, die ihm das Leben lebenswert erscheinen lasse. Wir sind uns in unserer Ehe trotz raummäßigem Beieinanderseins fremd geworden; wir finden innerlich nicht mehr recht zusammen. Bei allem Verständnis für die furchtbare Not unserer Zeit kann ich es nicht billigen, dass Willi sich restlos im Dienste anderer verzehrt und seine Familie an die letzte Stelle setzt. Im vergangenen Monat war er von 30 Tagen 3 ganze Abende zu Hause – nicht etwa bei mir, sondern bis in die späte Nacht hinein saß er über seinen Akten gebeugt. Mir wirft er Mangel an Verstehen und egoistische Wünsche vor. Das sind harte Worte. Ich wehre mich nicht deswegen dagegen, nur um Recht zu bekommen. Franz Wothe sagte, dass eben jeder Mensch eine geheime Last trage, ich solle Willis Verhalten als das mir vom Herrgott geschickte Kreuz auf mich nehmen. Was will ich denn eigentlich? Doch nichts anderes, als ein frohes, glückliches Familienleben. Mir scheinen die Menschen die ärmsten, die sich nicht mehr freuen können; sie sind innerlich abgestorben. Wenn ich an stillen Abenden hin und wieder ein Liedchen zur Laute singe, gehe ich abseits in die Küche, weil ich weiß, dass diese Welt Willi nicht mehr wahrhaben will. Es tut mir so weh! Wenn er nur einmal mit mir singen wollte! Ich weiß, ihm klingt eine andere Melodie in den Ohren: die Klagelieder der tausenden von Vertriebenen aus dem Osten, die hier im ausgebombten Westen eine neue Heimat suchen. Die Bauern wehren sich gegen die Aufnahme der Flüchtlinge. Mit Mistgabeln stehen sie vor der Türe. Sie wissen ja nichts von der Not, und der Krieg ist größtenteils spurlos an ihnen vorübergegangen. Willi trägt die Last beider Seiten; er muss jeden zu verstehen suchen. Die Bauern werden zur Viehabgabe gezwungen. Mit zusammengebissenen Zähnen sehen sie ihre Ställe leer werden. Aber die Militärregierung gibt nicht nach. Die vorderste Front der Verwaltung, in der Willi nun steht, verlangt ein Übermaß menschlicher Kraft sowohl in physischer als auch psychischer Hinsicht. Daher das Abgestumpftsein Willis für jede „bürgerliche" Gewohnheit. Seine körperliche Verfassung ist denkbar schlecht. Er wiegt noch etwas über 60 kg!! Das ist für einen Mann seiner Größe ein KZ-Gewicht! Aber alle Vorhaltungen meinerseits fruchten nichts. Es kommt bei ihm noch hinzu, dass er von Natur aus sehr ehrgeizig ist und hinter dem tüchtigsten seiner Kollegen nicht zurückstehen will. So bleibt mir nichts anderes übrig, als mich mit diesem Zustand abzufinden in der Hoffnung, dass die Zeit und die Verhältnisse sich ändern oder Willi eines Tages feststellen muss, dass die maximale Grenze seiner Kraft erreicht ist und der liebe Gott nicht von ungefähr zwischen 2 Tagen die Nacht zur Ruhe und zum Schlafen eingerichtet hat. Der Feierabend ist um der Arbeit willen da und auch Ferien braucht der Mensch, wo er einmal Abstand gewinnt und neue Kraftreserven anlegen kann, die ja letzten Endes wiederum der Arbeit zugute kommen. – Am Montagabend endlich kam Willi in die Hütte, um am Mittwoch bereits wieder nach Eckenhagen zu fahren. Wahrscheinlich wird das sein ganzer Urlaub sein.

Dem Vater blieb nicht nur wenig Zeit für seine Frau, sondern auch für seine Kinder.

Mai 1947

Ach, unser Vati hat ja einen viel zu großen Abstand von seinen Kindern, als dass er sie verstehen könnte. Die Kinder erleben ihn kaum, ich muss befürchten, dass sie ersten Tages „Onkel" zu ihm sagen.

Anfang April 1947 wusste die Mutter, dass sie wieder schwanger war. Sie schreibt:

Anfang April 1947

Ist nicht auch die menschliche Mutter ein Werkzeug des Schöpfergottes? Nach seinem heiligen Willen wächst auch in meinem Schoße das Samenkorn eines neuen Lebens. Ich bin darüber unendlich froh und glücklich.

Anfang Mai 1947

Nun hat der schöne Muttergottesmonat begonnen. Die ganze herrliche Natur mit ihrer Blütenpracht gleicht dem Mantel der Himmelskönigin, voller Reinheit und Würde. Trotz starken körperlichen Unbehagens ist meine Seele doch voll Glück und froher Erwartung. Ganz leise und behutsam beginnt es in mir sich zu regen, ein zartes Pochen nur, aber es ist da, es lebt. Heute Abend muss ich unserem lieben Vati die Glücksbotschaft sagen. Er muss sich doch freuen, oder ob ihn denn gar nichts mehr aus seinem Arbeitstempo herausreißen kann? Er hat sich ganz seinem Beruf verschrieben, aus Idealismus, aus Ehrgeiz, wer weiß es? Ich glaube, beide Faktoren gehören dazu, um Großes leisten zu können. Ich aber muss meine Wünsche und Ansprüche niedriger schrauben. Durch das neue Werden und Wachsen in mir bin ich so ausgefüllt, dass ich es nicht mehr so arg empfinde, dass Willi kaum eine Stunde Zeit für mich hat. Vielleicht habe ich mich auch schon an dieses Solo-Leben gewöhnt. Es heißt im Leben oft, Unvermeidliches mit Würde zu tragen.

Die Mutter wird es ihm dann doch irgendwann gesagt haben, sonst wäre er bei meiner Geburt nicht dabei gewesen. Aber weder die Nachricht der erneuten Schwangerschaft noch die Geburt bremsten seine Arbeitswut.

Oktober 1947

Wie viele Frauen stehen heute mit ihren Kindern und großen Sorgen allein, – ihre Männer kommen nie wieder. Ich muss sehr dankbar sein, dass mir der Mann und unseren Kindern der Vater erhalten blieb. Ich will mir vornehmen, nicht mehr so häufig darüber zu klagen, dass ich von unserem Vati so wenig „habe", obwohl es mir z. B. sehr wehe tat, dass er auch in den 9 Tagen meines Wochenbettes keine Stunde Zeit für mich erübrigen konnte. Er tut gewiss „alles" für uns, aber auf das, was ich so sehr ersehne, eine Stunde der Besinnung, des innigen trauten Beisammenseins, muss ich leider verzichten. Er wird so von den Sorgen und Problemen der Zeit gejagt und getrieben, dass ihm jede Stunde der Muße wie verlorene Zeit vorkommt. Er sagt immer, dass die Menschen, die der Krieg übrig ließ, vor Gott und der Welt doppelte Verantwortung tragen. So hat er sein Bündel, und ich will das meine nehmen. Nur ein frohes Herz will ich mir bewahren trotz allem, denn

froh zu sein bedarf es wenig
und wer froh ist, ist ein König!

Viel wurde geschrieben über die Probleme von Paaren in der Nachkriegszeit. Die Männer kamen aus dem Krieg zurück, unterernährt und nicht selten seelisch gebrochen. Die Frauen hatten ihr eigenes Leben und das Leben ihrer Kinder selbst in die Hand genommen. Über das, was sie im Krieg erlebt hatten, vor allem was sie gefühlt hatten, schwiegen sich die Männer aus.[44] Hier lagen die Dinge anders. Den Krieg hatte der Vater relativ unbeschadet überlebt, physisch und psychisch, die Kriegszeit in Wien wurde von der Mutter als glückliche Zeit empfunden. Erst jetzt, zeitlich versetzt, wurde der Vater mit den Problemen konfrontiert, die der Krieg ausgelöst und hinterlassen hatte. Er wurde von den Problemen regelrecht überrollt. Der Vater hätte sich in die Situation fügen können, nicht gerade schicksalsergeben, aber mit einer gewissen Einsicht in das, was möglich ist und was nicht. Doch so war er nicht. Wenn man etwas schaffen will, muss man es betreiben, war eine seiner Maximen. Er wollte das Schicksal zwingen. Dass das Schicksal widerspenstig sein konnte, wollte er nicht wahrhaben. Er war vom Beruf geprägt, machtvoll und gelegentlich furchteinflößend. Die Mutter sah die Probleme, mit denen ihr Mann konfrontiert war, doch mit seiner Priorisierung war sie nicht einverstanden, verständlicherweise. Frau und Familie schienen in der Prioritätenliste ans Ende gerückt zu sein. Die Mutter war sich sogar nicht sicher, ob er sich über ihre Schwangerschaft freute. Aus Wien kannte sie einen anderen Mann. Der war gerne bei ihr und den Kindern, Soldat war kein Beruf, für den er sich aufgeopfert hätte. Ehrgeiz war unangebracht, als ehemaliger Gestapo-Gefangener und Nicht-Parteimitglied hatte er keine Aussicht auf eine Militärkarriere, er wollte sie auch nicht. Jetzt zeigte sich ihr ein anderer Will, den der Ehrgeiz vielleicht nicht zerfraß, aber zumindest annagte. Wahrscheinlich sah sie diesen Charakterzug als Gefahr für ihre Ehe, womit sie nicht ganz Unrecht hatte. Das Zwingen-Wollen sollte ein dominierender Charakterzug des Vaters bleiben, bis zu seinem Tod.

ॐ

Der Vater vergrub sich im Beruf, die Mutter widmete sich den Kindern. Ihre Tagebucheinträge spiegeln Liebe, Stolz, Sorge und eine gute Portion Commonsense wider. Stolz war die Mutter vor allem auf ihren vitalen Michael, trotz seiner Eskapaden. Er „strotzt nur so vor Gesundheit". Die Sorge der Mutter galt vor allem mir, dem „Unglücksraben", der als Einjähriger bereits zwei längere Krankenhausaufenthalte hinter sich gebracht haben sollte.

Der Commonsense der Mutter zeigte sich, wenn von vermeintlichen Begabungen und schulischen Leistungen der Kinder die Rede war – aus heutiger Sicht eine bemerkenswerte Einstellung. Der Vater war bereits auf das erste Zeugnis seines ältesten Sohnes stolz, am Ende des ersten Schuljahrs. Dem begegnete die Mutter mit milder Zurechtweisung.

April 1948

Ich finde, dass man Kindern die Ruhe zum langsamen Wachsen lassen soll. Auch das geistige Wachstum erfolgt Schritt für Schritt, und man darf dabei den zweiten nicht vor dem ersten tun.

Ähnlich reagierte sie, als von der mathematischen und (angeblich) fehlenden musikalischen Begabung des achtjährigen Michael die Rede war:

Man muss einmal die Begabung sich entwickeln lassen und sie dann aber mit allen Mitteln fördern.

Auch auf die Vorschläge „der Leute", sie solle mit mir zum Arzt gehen, weil ich mit anderthalb Jahren nur ein einziges Wort sprach, nämlich „Mama", reagierte sie gelassen bis amüsiert:

Mai 1949

Aber darüber muss ich lachen. Das frühe oder späte Sprechvermögen kann genauso gut im umgekehrten Verhältnis zu Intelligenz stehen. Also nur Geduld.

Ihrem ältesten Sohn Peter widmete die Mutter relativ wenige Einträge. Als sie begann, Tagebuch zu führen, war er vier Jahre alt. Vielleicht sah sie in dem Vierjährigen bereits den „Großen", der ihre mütterliche Fürsorge weniger brauchte als Michael, der im November 1944, als die Mutter mit dem Tagebuch begann, ein Jahr alt war. Hierfür spricht der Eintrag zu Peters Einschulung.

Anfang April 1947

Peterle! Heute gingest du die ersten Schritte in eine langsam, aber sicher sich entwickelnde Selbstständigkeit. Fröhlich und unbefangen stapftest du neben mir her und hattest Mühe, in dem Dreck der aufgeweichten Wege nicht steckenzubleiben. Dein kleiner Mund stand nicht still, denn das von vielen Erwartungen so übervolle Herzchen musste sich Luft machen. Meine Gedanken gingen wohl andere Wege – ernstere. Bis hierher gehörtest du ausschließlich dem Elternhaus. Niemand auf der Welt hatte noch ein Recht und Einfluss auf dich. Heute gingest du die ersten Schritte in eine neue Welt. Sie wird von dir Besitz ergreifen und das Elternhaus spielt nicht mehr die universale Rolle in deinem kleinen Leben. Immer aber soll es ein Hafen für dich sein, in den du nach allen kleinen und großen Stürmen deines Lebens flüchten kannst, in dem du Verstehen und Hilfe findest. Nichts geschieht ja in deinem Leben, das nicht auch deine Eltern durchkämpfen mussten. Mögest du uns Ehre machen, ein rechter Junge und tüchtiger Schüler sein!

Unter den Kindern dominiert Michael das Tagebuch, ihm widmete die Mutter die meisten Einträge. Nun war Michael auch ein besonderes Kind. Schon als Einjähriger, in der Hütte, fühlte er sich im Bach pudelwohl, in den er zuvor von einer Brücke gefallen war. Und der Saft der Schnecken gehörte auf seinen Speiseplan. Die Vitalität dieses Jungen, über die die Mutter mit einigem Stolz schreibt, stellte sie allerdings vor nicht geringe Probleme. Die nachfolgenden Ereignisse passierten im Mai und Juni 1947. Michael, der am 8. Juli 1944 geboren wurde, war noch nicht drei Jahre alt.

Mai 1947

Hildegard [das Kindermädchen, C. W.] hat ihre liebe Not mit dem Michael. Jeden Tag verspricht er mit dem treuesten und arglosesten Gesicht von der Welt, nicht aus dem Garten weg ins Dorf zu laufen. Kaum aber, dass er keine Gefahr mehr aus einem Fenster wittert, ist er durch irgendein Loch in der Hecke verschwunden. Dann rennt die arme Hildegard hinter ihm her, oft eine Stunde lang, bis sie ihn dreckig und speckig irgendwo aufgelesen hat. Es ist immer die gleiche Reihenfolge: Warnungen, Kläpse, Versprechungen, nun nicht mehr durchzubrennen. Aber sein Freiheitsdrang ist stärker. Am nächsten Tag beginnt dasselbe Spiel von neuem. Hildegard ist schon öfters im Dorf gefragt worden, ob sie den Michael suche, auch wenn sie ihn (ausnahmsweise) mal nicht sucht. Schon mal wird der uns auch von anderen abgeliefert, die ihn in irgendeinem weltvergessenen Winkel oder auch mitten auf der Hauptverkehrsstraße sitzend aufgelesen haben. Wiederholt haben Autos halten und ihn freundlich bitten müssen, sich auf die Seite zu bequemen. Er seinerseits bittet dann die Fahrer, ihn doch mitfahren zu lassen, „weil mein Vati doch auch ein Auto hat, und der nimmt mich auch immer mit." Autofahren ist überhaupt seine große Leidenschaft. Wenn er jemand in kindlichem Trotz bestrafen will, sagt er immer: „Du fähr nit mit." Es ist für ihn der Inbegriff des Schrecklichen. Wenn er nur wittert, dass wir wegfahren wollen, sitzt er bereits auf dem Kühler, oder er kann eine Stunde vor der Garage stehen und warten, ob sich nicht doch die Tore des Glückes für ihn einmal öffnen werden. Unser Vati hat schon ernsthaft mit uns geschimpft, weil er meint, wir ließen ihn lange Zeit unbeobachtet, der kleine Ausreißer müsste doch zu bändigen sein.

Ende Juni 1947

Seit heute Mittag hat mein Herz nicht aufgehört zu hämmern. Um 1 Uhr kam eine mir unbekannte Frau und brachte den Michael, den wir vergeblich seit Stunden gesucht hatten. Ich nahm ihn morgens zum Einkaufen mit, vergewisserte mich <u>dreimal</u>, ob er auch noch vor dem Geschäft auf der Bank säße (wo auch andere Kinder auf ihre Mütter warteten), und dann war er plötzlich wie vom Erdboden verschwunden und nirgendwo wiederzufinden. Er war nämlich rasch entschlossen in den vor dem Geschäft haltenden Postomnibus eingestiegen und bis zur Endstation Derschlag mitgefahren, ohne dass es einem Fahrgast aufgefallen wäre, dass das Kind ohne Aufsicht war. Ebensogut hätte der Omnibus auch nach Köln, Waldbröl oder in eine andere Richtung fahren können, aber immerhin war auch Derschlag weit und verkehrsunruhig genug. 2 Stunden hat sich der Räuber allein in den Straßen herumgetrieben, ist dann wiederum wahllos in einen Omnibus eingestiegen, der rein zufällig zurück nach Eckenhagen fuhr. Eine Frau hat ihn dann in der bergischen Mundart gefragt, weil ihr wahrscheinlich das müde und verwahrlost aussehende Kind auffiel (In 2 Stunden kann ein Kind von 2 ¾ Jahren allein allerhand aus sich machen!): „Na Kleiner, wem bist du denn?"

Antwortet ihr Michael: „Dem Heymanns Hans!" Worauf sich, in Eckenhagen angekommen, die Frau seiner erbarmt und ihn bei Herrn Heymann abgeben will. Der bedankt sich für solch unverschuldeten plötzlichen Familienzuwachs und sagt der Frau die richtige Adresse, weil er unseren Michael kannte. – So haben wir ihn wieder, und immer muss ich an die bekannte Bild-Darstellung des heiligen Schutzengels denken, der seinen Schützling über eine gefahrvolle Brücke hinweg sicher an das andere Ufer geleitet.

Die Geschichte hatte noch ein kleines Nachspiel. Vati hat nämlich den Kraxelhuber sich höchst persönlich vorgeknöpft. Michael hat alle väterlichen Drohungen und sogar eine allerdings gelinde Prügelstrafe über sich ergehen lassen müssen. Aber wie wenig Aussicht auf Erfolg diese Maßnahmen besitzen, bewies seine Antwort auf die warnende Frage des Vaters, ob er es noch einmal probieren würde, allein nach Derschlag zu fahren. „Nein", sagte Michael „nächstes Mal fahre ich nach Dreschhausen." Das ist die entgegengesetzte Richtung.

Jeden Morgen hämmern wir es dem Michael ein, nur nicht aus dem Garten ins Dorf zu laufen, erst recht nicht zum Bürgermeisteramt, weil er meistens schmutzig von der „Gartenarbeit" aussieht, sich dann mit den erdbehafteten Händen das verschwitzte Gesicht abwischt, und dann nur noch durch seine blauen Augen und die flachsblonden Haare von einem Neger unterschieden werden kann. In solcher Aufmachung hat Michael heute im Rathaus Besuch gemacht, zum Entsetzen seines gestrengen Vaters auch noch ledig aller Bekleidung, die er sich unterwegs, weil sie ihm nicht sauber und „offiziell" genug erschien, restlos ausgezogen hatte.

Der Vater hatte sich bei der Wiederherstellung einer Eisenbahnlinie eine Knieverletzung zugezogen und musste seine Amtsgeschäfte von zu Haus aus führen. Das gab ihm Gelegenheit, sein Urteil über den „missratenen", gerade dreijährigen Sohn zu revidieren.

Michael ist nicht von seiner Seite zu schlagen. Wie ein treuer Hund sitzt er neben seinem Vati und kann es nicht fassen, dass Vati Tage lang nicht weggeht. Im Geheimen wünscht er sich gewiss, dieser Zustand möge noch recht lange dauern. Die Tage des Krankseins haben tatsächlich eine Brücke zwischen Vater und Sohn geschlagen und Willi sagte gestern Abend: „Ich wusste bisher gar nicht, was für ein lieber Bursche unser Michael ist. Ich dachte, der hätte nur Ungezogenheiten im Sinn." So muss der liebe Gott erst ein Unglück schicken, damit man sich seines Glückes bewusst wird.

Allerdings war die Revision seines Urteils nicht von langer Dauer.

Michaels Popularität wächst. Seine neueste „Heldentat" hat Willi so in Wut versetzt, dass er noch heute, nach drei Tagen, kaum ein gutes Wort mit mir spricht. Immer nur höre ich von „deinem ungeratenen Sohn" (als ob ich ihn in die Ehe mitgebracht hätte und er nicht ebensogut auch <u>sein</u> Sohn ist). Michael hatte sich wieder mal beim Bürgermeisteramt zu schaffen gemacht. Durch eine waghalsige Kletterpartie hatte er es fertiggebracht, an die Hebel der Feuersirene zu gelangen, und weithin erschallt Vollalarm in die mittägliche Gluthitze des vergangenen Mittwochs. Bis es möglich war, die Sirene abzustellen, waren längst alle Feuerwehrleute, – in Anbetracht der Hitze noch durch Straßenpassanten zur Eile angetrieben – unterwegs und wenige Minuten später rückte bereits die große Feuerwehrspritze einsatzbereit an. Ich kam gerade vom Einkaufen nach Hause, als Michael mich glückstrahlend empfängt: „Mutti, ich habe ßöne Musik demacht, habe ich gedreht, kame ßöne Musik; de Dahrmann hatte mit mir ßimpft." Dahrmann ist Willis Inspektor, ich wusste im gleichen Augenblick alles und dachte nur: Ihr Berge fallt über uns, ihr

Hügel bedeckt uns! Schon ging auch das Telefon, wo mir Willi kategorisch mitteilte, ich solle „meinen" Sohn gehörig durchprügeln und ab sofort würde eine Gouvernante eingestellt, damit das Kind nicht total verwahrlose. Das letzte mit der Gouvernante wird sich Will überlegen, dachte ich, und das erste von wegen der Prügel überlege ich mir. Wenn solch wichtige Vorrichtungen am Amt unverschlossen einem 3jährigen Kind zugänglich sind, müsste ein anderer dafür verantwortlich gemacht (um nicht zu sagen geprügelt) werden, nicht aber unser Michael, der ja die Folgen seines Tuns nicht ahnen konnte. – Gottlob gibt es auch noch Leute mit Humor. Mancher Feuerwehrmann, der Michael auf der Straße seitdem begegnet, steht vor ihm stramm und grüßt ihn als „Feuerwehrhauptmann". Das tollste ist noch, dass Willi am vorvergangenen Sonntag anlässlich einer Feuerwehrveranstaltung einen in Kürze beabsichtigten Probealarm avisierte, um sich von der tadellosen Einsatzfähigkeit der Wehr zu überzeugen. Diese Mühe kann er sich nun sparen, weil ihm sein dreijähriger Sohn zuvorgekommen ist. Es klappte alles tadellos.

Einen Monat später ist Michael wieder verschwunden.

August 1947

„Was wird aus diesem Kinde werden!?" –. Gemeint ist natürlich Michael. Wiederum haben wir ihn den ganzen heutigen Vormittag gesucht. Es war, als hätte die Erde ihn verschluckt. Nach dem Mittagessen wollte sich Hildegard noch mal auf die Suche begeben, als ein Telefongespräch aus Dreschhausen bei Wildbergerhütte uns meldete, dass unser Sohn Michael soeben per Fahrrad wohlbehalten eingetrudelt sei. Er sei allerdings zum Umfallen erschöpft, da er Peters Fahrrad, auf dem er natürlich noch nicht fahren konnte, 7 km weit geschoben hatte. So landete er beim Bezirksvorsteher [...] in Dreschhausen. Auf dessen Frage, wohin er denn wolle, Michael ganz lakonisch zur Antwort gab:

„Heute möchte ich hierbleiben, morgen fahre ich weiter nach Wildbergerhütte aufs Reitturnier." Ich glaubte zunächst an einen Scherz und auch Willi rief sofort noch mal in Dreschhausen an – um mit einem tiefen Seufzer und Kopfschütteln den Hörer wieder aufzulegen. Die Ungeheuerlichkeit dieser Leistung nahm ihm sogar die Sprache, er schimpfte nicht einmal. Eine Stunde später fuhr der Wagen vor, der Michael samt seinem Fahrrad in die heimatlichen Gefilde zurückbrachte.

Mein kleiner Kraxelhuber! Selbst wenn ich nie etwas von einem Schutzengel gehört hätte, müsste ich nun glauben, dass Kinder ganz besonders unter dem Schutz eines guten Geistes stehen. Wie viel habe ich ihm heute zu danken! Täglich wollen wir die Hände falten und ihn bitten, Dich auf allen Wegen und Abwegen zu behüten und zu bewahren.

Michael gehörte zur Kategorie der „Weglaufkinder". Das Geschlecht scheint beim Weglaufen keine Rolle zu spielen, es wird von Mädchen und Jungs berichtet, im Alter von zwei bis drei Jahren. Plausible Gründe, warum Kinder in diesem Alter weglaufen, scheint es nicht zu geben, selbst Psychoanalytiker und andere Psychologen halten sich zurück, zumindest, wenn es sich um Zwei- bis Dreijährige handelt. Es scheint eine Frage des Temperaments zu sein, vielleicht sind die Kinder besonders neugierig oder haben besonders wenig Angst. Auf die Frage „Wem bist du denn?" antwortete Michael: „Dem Heymanns Hans." Von einer Sehnsucht, wieder in den Armen der Mutter zu sein, kann hier keine Rede sein. Die Mutter erzählt das in einem zwar besorgten, aber doch auch humorvollen Ton. Sie hätte sich Gedanken machen können, warum er keine Sehnsucht nach zuhause hatte. Natürlich wusste er, dass sein Ausflug nicht im Sinne der Eltern war, immerhin hatte es schon Klapse gegeben. Die Klapse halfen nicht, und auf den „Guten Geist" hätte sie sich vielleicht nicht so sehr verlassen sollen.

Wir haben Hühner, fünf an der Zahl. Eine große Freude für uns alle. Nicht nur der Eier wegen. Ich bin so hühnerbegeistert, dass unser Vati glaubt, eifersüchtig sein zu müssen, weil ich ihnen zu viel Zeit und Liebe widme. Der Schreiner hat mir einen entzückenden kleinen Futtertrog gemacht. Ich finde, Hühner sind eine sehr rentierliche Angelegenheit, schon von wegen der Maisbrot-Abfälle. Körner muss ich mir bei den Bauern erbitten. Am liebsten fressen sie Weizen – sagen die Leute. Aus eigener Erfahrung weiß ich es noch nicht, denn woher um alles in der Welt sollte ich Weizen nehmen? Lieber würde ich mir mal ein anständiges Brot daraus backen.

Die Mutter ist stolz auf ihre Hühner. Doch sie ist auch schwanger und benötigt für den kommenden Säugling dringend Windeln. Sie entschließt sich zu einem Tauschgeschäft – eine Win-win-Situation.

Frau W., eine Bekannte aus Essen, die hier [...] mit ihren Kindern als Ausgebombte wohnt, will wieder zurück in die Stadt. Trotz aller Not zieht es sie zurück in die Reste ihres Hauses und Geschäftes, um neu anzufangen und aufzubauen. Lange wohnt ihr Mann schon wieder in der alten Heimat, wenn auch sehr beschränkt. Ich habe ihr zum Abschied eines von meinen Hühnern überlassen, damit sie wenigstens etwas zusätzlich zu essen hat. Wie hat sie sich gefreut!

Voller Glück streichle ich das erste halbe Dutzend Windeln. [Sie, C. W.] hat sie mir geschenkt, gleich auch ein Lätzchen und zwei Waschlappen dazu, aus Dankbarkeit für das ihr überlassene Huhn.

Der Sommer 1947 war ein außerordentlich heißer, sonniger und trockener Sommer, ein Jahrhundertsommer. Viele Wasserleitungen waren durch den Krieg zerstört, Gärten und Felder konnten nicht gewässert werden. Später sollte der Bau einer Wasserleitung eine der ersten bleibenden Taten des neuen Bürgermeisters werden. Die Mutter beklagte nicht nur den Mangel an Wasser.

Juni 1947

Die Natur draußen ist ein richtiger Glutofen. Seit Wochen hatten wir keinen erfrischenden Regen, nur Sonne, Sonne. Das ist mir sogar zu viel, und das will was heißen. Mein Zustand hat ohnehin meine Sonnen-Begeisterung stark gedämpft. Allmählich neige ich nun zur Fülle und sehne mich nach einem kühlen Plätzchen. Das Schlimmste von allem aber ist der Wassermangel. Nur selten kommt noch ein wenig aus der Leitung. Wir müssen alle Tage das Wasser aus dem Pfarrhaus oder dem Brunnen auf der noch weiter entfernt liegenden Wiese herbeiholen. Dieser Behelf in seinen mannigfachen Variationen ist schrecklich. Noch nie habe ich es empfunden, wie sehr doch das Wasser das Grundelement unseres Lebens ist. Wie achtlos und selbstverständlich nahmen wir es alle Tage in jeder Menge, – haben wir einmal dafür gedankt? Wie viele Geschenke des Himmels beachten wir erst dann, wenn wir sie entbehren müssen! Oft nimmt oder versagt uns Gott Großes, weil wir vergaßen, für das Kleine zu danken. Gewiss leben wir in einer schweren Zeit, wie sie die Menschen noch kaum gekannt haben [...]. Wir haben nicht die notwendigste Seife, um uns waschen zu können. Die Kinder werden alle Abende draußen auf der Wiese abgeschrubbt. Das winzige Stückchen Einheitsseife ist bei einem einzigen Wannenbad leicht verbraucht und man muss doch 30 Tage damit auskommen. Unser Vati begreift es am wenigsten. Er wäscht sich die ersten Tage des Monats hemmungslos, um dann mindestens 2/3 des Monats auf unser Stückchen zu spekulieren, das sich jeder wie ein Heiligtum „diebessicher" aufbewahrt. Ist das nicht traurig, dass darum schon oft Streit im Hause war? Alle Lebensmittel werden bei uns zentral verwaltet und redlich geteilt, nur die Seife gefährdet unseren Frieden. In vielen Familien kauft sich jeder seine Ration selbst aus Angst, er könne seinen ihm zustehenden Teil nicht voll erhalten. So treibt sie die Not auseinander, während sie doch durch die Liebe verbunden sein sollten.

Die Seifenqualität ließ bereits Anfang der Vierzigerjahre zu wünschen übrig, Erinnerungen an den Ersten Weltkrieg wurden wach. In einem geheimen Lagebericht der SS heißt es: „Nach den hier vorliegenden Meldungen [...] wird in weiten Kreisen der Bevölkerung über eine erhebliche Verschlechterung der Seife und Waschmittel geklagt. Vor allem habe sich die Einheitsseife, die zu Beginn des Krieges durchaus brauchbar gewesen sei, sehr verschlechtert. Nach Äußerungen von Volksgenossen bestehe die Seife heute wohl nur noch aus Lehm und Sand, was oft zu Vergleichen mit der Weltkriegsseife führe, die ebenso schlecht gewesen sei. Vielfach komme die Einheitsseife sehr frisch in den Handel und verbrauche sich deshalb äußerst schnell. Allgemein werde von den Verbrauchern erklärt, dass es bei der jetzigen Qualität unmöglich sei, mit einem Stück Einheitsseife einen Monat lang auszukommen."[45] Es ist nicht anzunehmen, dass die Seife 1947 besser war. Vielleicht war der Seifenverbrauch des Vaters weniger seiner Unmäßigkeit als der mangelhaften Seifenqualität geschuldet.

1947 wurde die Hausgemeinschaft vorübergehend um ein Mitglied erweitert. Die Mutter blickte zurück.

November 1947

Unserem „Mucki" möchte ich auch ein Memento widmen. Mucki gehörte etwa acht Wochen lang zu unserer häuslichen Gemeinschaft. Er war ein Hund im weitesten Sinne des Wortes. Die Rassezugehörigkeit ließ sich nicht feststellen. Unser Vati brachte ihn ersten Tages als ganz junges Viecherl hier an. Lange Zeit war die Wohnung von seinen Düften erfüllt und überall schmückten seine Hinterlassenschaften Teppiche und Fußböden. Die Kinder nahmen sich rührend seiner an mit samt der zahlreichen Bächlein, die sie geradezu mit Begeisterung aufwischten. Michaels Liebe aber war so sehr „auf den Hund" gekommen, dass ich dies nicht mehr länger mitansehen konnte. Er teilte Freud und Leid, Apfel und Butterbrot mit ihm, und schleppte ihn, wie ein Känguru sein Junges, ständig mit sich herum. Es widerte mich geradezu an. Entscheidend für meine Rabentat war dann aber, dass der Hund noch Würmer verlor, für die ich ohnehin eine ausgesprochene

„Schwäche" habe. Ich habe ihn dann meistbietend vertauscht. Nun führt er in Langenseifen ein schönes Hundeleben, und nächsten Sommer werden wir ihn bestimmt mal besuchen.

※

Zu Weihnachten 1947 war die Not immer noch groß. Doch der Vater punktete mit einem außergewöhnlichen Geschenk.

Anfang Januar 1948

Die Vorbereitungen für Weihnachten nahmen meine Zeit sehr in Anspruch [...]. Nun aber will ich wieder einmal alles Beglückende und Bedrückende niederschreiben; jeder Tag bringt uns von beidem genug. Es war ja Weihnachten, und im Mittelpunkt des schönsten aller Feste stand das Geschenk unseres lieben Vati: eine wundervolle große Krippe. Damit ist mein langjähriger Wunsch in Erfüllung gegangen. Mit viel Liebe haben wir gemeinsam jede Figur betrachtet und unterm Weihnachtsbaum aufgestellt. Die echten warmen Farben erfreuen Auge und Herz, und die würdevolle Haltung aller um das liebe Jesulein stehenden oder knienden Figuren zwingt einfach zur Andacht. So haben wir auch mit Beten und Singen an der Krippe die häusliche Feier begonnen, Peterle konnte ein sehr schönes Gedichtchen und Liedchen vortragen. Groß war wiederum die Freude der Kinder über alle Geschenke des Christkindes, die diesmal in Anbetracht der Schwere der Zeit nicht so reichlich ausfielen. Aber sind nicht gefüllte Herzen wichtiger als gefüllte Hände?

Ende Januar 1948

Michael hat einen neuen kleinen Freund: das Negermännchen beim Krippchen in der Kirche. Diese Freundschaft hat mich schon im wahren Sinne des Wortes eine Stange Geld gekostet. Jedes Mal beim Einwerfen eines Geldstücks nickt nämlich das Negerlein mit dem Kopfe aus Dankbarkeit. Wenn wir jetzt Michael suchen, steht er in der Kirche, in den Anblick des kleinen Negerlein versunken. Oder er wühlt mit den dicken Speckhändchen in seinen Taschen herum, um aus einem vergessenen Winkel doch noch einen Groschen ans Tageslicht zu befördern, und dem Negerlein ein „Danke" abzuzwingen. Vor einigen Tagen betrachtet er lange und eingehend ein kleines Bildchen, das ihm der liebe Herr Pastor geschenkt hat. Es stellt Jesus dar, wie er predigend vor seinen Jüngern steht. Es fällt Michael auf, dass der liebe Heiland barfuss geht und wundert sich darüber. Ich versuche ihm zu erklären, dass der liebe Heiland in seinem Leben sehr arm gewesen ist, worauf Michael entrüstet sagt: „Aber Mutti, ich habe doch so viel Geld ins Negermännchen geworfen, er hätte sich doch längst ein paar Schuhe dafür kaufen können!

Die Mutter schreibt von einem Negerlein. Es nickt mit dem Kopf, wenn ein Geldstück eingeworfen wird, aus Dankbarkeit. Man kann es der Mutter nicht vorwerfen, dass sie die Figur so bezeichnete, noch Jahrzehnte später stand in katholischen Kirchen eine solche Figur neben der Krippe. Dass allerdings Bundespräsident Lübke in Liberia im Jahr 1962 eine Rede mit „Sehr geehrte Damen und Herren, liebe Neger!" begann, wurde nie belegt und gilt als bösartige Unterstellung.

❧

Am 4. Oktober 1947 erblickte ich das Licht der Welt. Gleich zu Beginn widersetzte ich mich dem Wunsch der Mutter nach einem Mädchen. Den Wunsch vom April 1947:

Anfang April 1947

Nach seinem [Gottes] heiligen Willen wächst [...] in meinem Schoße das Samenkorn eines neuen Lebens. Ich bin darüber unendlich froh und glücklich. Und wenn uns dann im Herbst ein kleines Mädchen geschenkt würde, ach, die Freude wäre nicht auszudenken!

... machte ich im Oktober zunichte.

Ich sitze am offenen Fenster in der Herbstsonne. In mir lebt die Fülle schönsten Mutterglückes. Neben mir im verhangenen Korbwagen schlummert mein Glücksbündel – ein Junge. Also doch die dritte Lederhose! Am Tag des heiligen Franziskus, 4. Oktober, trat er ins Leben. Zum ersten Mal war unser Vati Zeuge und ist immer noch ergriffen von der Gewalt des Geburtsgeschehens. Das schlimmste ist überstanden. – Nun haben wir drei Söhne, Peter, Michael und das dritte wurde vergangenen Sonntag auf den Namen Franz-<u>Christoph</u> getauft. Christoph – Gottesträger. Ich finde, er passt gut zu dem Fels = Petrus und Michael = Wer ist wie Gott. Weil Franz-Josef Wothe Pate ist und der kleine Mann außerdem auf dem Tag des heiligen Franziskus geboren wurde, haben wir als Beinamen Franz gewählt.

Das Problem ist die Reihenfolge der Vornamen, Franz ist der erste und Christoph der zweite. In der Geburtsurkunde ist der zweite Vorname, also „Christoph", unterstrichen, um ihn als Rufnamen zu kennzeichnen. In Pass und Personalausweis findet sich aber ein ununterstrichener Christoph, er hält die zweite Position hinter dem Franz, ohne jedes weitere Privileg. Das führte zu Missverständnissen. Aus Christoph wurde nicht selten Franz.

Ende Oktober 1947

Nun bin ich eine richtige Buben-Mama! Wie ein Geschenk aus Gottes Hand haben wir den Kleinen begrüßt und kein Wort der Klage darüber, dass es kein Mädelchen ist, kam über unsere Lippen. Was Gott tut, das ist wohl getan. Wir wollen es mit unserem kleinen Menschenverstand nicht besser wissen. –

Am anderen Morgen kamen dann die beiden Großen, um ihr Schwesterlein zu begrüßen, das zu ihrer Überraschung ein Brüderlein geworden war. Michael betrachtete kritisch das winzige runzelige Gesichtchen und meinte dann geringschätzig: „Ach, der kann ja nicht einmal rennen, den muss ich ja ‚däuen‘." Auf der Geburtsanzeige haben Peter und Michael ihr Brüderchen mit einem lustigen Vers begrüßt:

Wir grüßen dich, lieb Brüderlein
Und heißen dich willkommen,
Du wirst in unser Schrei-Duett
Mit Freuden aufgenommen.

Drum übe Stimm' und Strampelbein,
Und lass die Windeln wehen:
Dass du zu uns gekommen bist,
Soll hören man und sehen."

Mein Start ins Leben war bereits einigermaßen missglückt. Die Brüder wurden als Jungs willkommen geheißen, in seinem Fall rechnete man in der Familie fest mit einem „Mädelchen". Zur Überraschung der Brüder – und zur Enttäuschung der Eltern – wurde es dann doch ein Junge. Aber die Eltern reagierten tapfer, keine Klage über die gottgewollte Kombination eines X- mit einem Y-Chromosom. Mit der ersten Strophe ihres Gedichts machte die Mutter dann auch ihren Frieden mit der „dritten Lederhose".

Bereits in den ersten Monaten nach der Geburt deutete sich an, dass es mir an Robustheit mangelte.

Ende Oktober 1947

Schwester Margret ist sehr zufrieden mit dem kleinen Mann, wenngleich er nicht so robust ist wie es Michael war. Der hatte seine Nerven im Fett liegen, und bei ihm gab es keine Komplikationen. Ich hoffe, dass auch bei Christoph alles gut geht, [...]

„Self-fulfilling prophecy" – der Angst der Mutter vor Komplikationen bei ihrem Neugeborenen folgte die Komplikation auf dem Fuß. Ende Februar 1948 kam ich, fünf Monate alt, für 6 Wochen ins Krankenhaus. Laut Tagebuch der Mutter war die Diagnose ziemlich schwammig. „Er hat ähnliche

Magengeschichten wie Peter, spuckt viel und verdaut nicht richtig." Mein älterer Bruder war also als Säugling auch im Krankenhaus, es muss im Jahr 1940 gewesen sein. Die Mutter blieb bei ihrem Ältesten, um ihn zu stillen. Für die damalige Zeit war das ungewöhnlich. In den zwanziger Jahren hatte es zwar Kliniken gegeben, in denen Mutter und Kind gemeinsam untergebracht waren, doch diese Praxis wurde von den Nationalsozialisten beendet.[46] Dass die Mutter bei ihrem Ältesten blieb, spricht für ihre Durchsetzungskraft. Doch bei mir war es anders, ich blieb allein. Die Verhältnisse hatten sich geändert, die Mutter hatte zwei Kinder zu versorgen. Vielleicht wirkte aber auch die Praxis des Nationalsozialismus nach, die der „Verzärtelung" des Säuglings durch die Mutter einen Riegel vorgeschoben hatte.[47] Erst viel später, im Jahr 1959, wurde zuerst vom Gemeinschaftskrankenhaus Herdecke die gemeinsame Unterbringung von Kind und Mutter in einem Krankenhaus angeboten. Diese revolutionäre Praxis wurde „Rooming-in" genannt, im Deutschen gab es dafür keine Bezeichnung.

Im Krankenhaus hatte sich mein Zustand eher verschlechtert. Am 10. April 1948 fanden die Eltern „ein kleines mit bläulicher Haut überzogenes Skelettchen" vor. Die Blutübertragung der Mutter verbesserte zwar den Zustand, doch nach der Entlassung aus dem Krankenhaus machte der Jüngste keinen sonderlich vitalen Eindruck.

Am Abend des 17. April 1948

Wir haben unseren Jüngsten heute wieder aus der Klinik heimgeholt. Wie ein überzartes kleines Porzellanpüppchen liegt er oben in seinem Gitterbettchen, ängstlich um sich sehend ob der veränderten Umgebung. Ich habe mein Bett bereits neben ihm im Kinderzimmer aufgeschlagen, um auch in der Nacht in seiner nächsten Nähe zu sein.

Es ist der Mutter hoch anzurechnen, dass sie den ehernen Grundsatz durchbrach, Säuglinge und Kleinkinder allein schlafen zu lassen. Mein Zustand besserte sich zwar, doch die Masern warfen mich wieder zurück. Ob ich je meinem Namen Ehre machen würde?

Die Bäcklein unseres Jüngsten sind sehr schmal geworden. Das tagelange hohe Fieber bei den Masern hat ihm stark zugesetzt. Langsam stellt sich wieder der Appetit ein. Aber solch ein gesunder widerstandsfähiger Bursche scheint er schwerlich werden zu wollen. Dabei heißt Christoph, – Christusträger. Man stellt sich darunter einen kraftvollen und mutigen Menschen vor. Freilich sind die Körperkräfte nicht immer ein Beweis für eine mutige und tapfere Haltung, und wenn es um Christus geht, so sind meistens nur geistige Waffen entscheidend, an denen leider unsere Zeit so sehr arm ist. Nach dem furchtbaren Zusammenbruch glaubte man an einen neuen Aufbruch des Christentums. Müssten nicht die Menschen aus der gottlosen vergangenen Zeit mehr gelernt haben, als sich jetzt erweist? Aber nach den Jahren der Entbehrung stürzen sie sich in den Rausch oft sehr zweifelhafter Vergnügungen, bei denen aber das Herz leer bleibt. Wie mag einmal die Ernüchterung aussehen?

Gerade hatte ich die Masern überstanden, da kam ich mit gerade mal einem Jahr wieder ins Krankenhaus, diesmal zur Operation eines Leistenbruchs. Auch dieses Mal blieb ich allein.

15. November 1948

Vor einigen Tagen ist Christoph wieder heimgeholt worden aus dem Waldbröler Krankenhaus. Ach sind wir glücklich, ihn wieder bei uns zu haben. Schmal und bleich ist sein Gesichtchen. Wie viel hat der arme kleine Kerl schon aushalten müssen. Wie gerne hätte ich ihm alles abgenommen, allen Schmerz des Körpers und des kleinen Seelchens. Einmal hat ihn unser Vati in Waldbröl besucht, obwohl wir es eigentlich nicht sollten, um dem Kind den Schmerz des erneuten Abschiednehmens zu ersparen. Er brachte es jedoch nicht fertig, gelegentlich eines Aufenthaltes in Waldbröl am Krankenhaus vorbeizugehen. Lange hat Christoph

zunächst seinen Vater angeschaut und dann mit einem Auf-
leuchten in den Augen das eine Wörtchen „Mama" gesprochen.
Dieses einzigste Wort stellt überhaupt seinen ganzen Sprach-
schatz dar. Als wir ihn dann abholen wollten, war das Erinnern
an zu Hause noch weiter zurückgegangen. Er klammerte sich an
die Schwester und wollte nicht zu mir. Wie wehe tat es mir! Erst
über ein mitgebrachtes süßes kleines Teddybärchen wurde dann
langsam die Verbindung wieder hergestellt. Nun hoffen wir mit
einem inständigen Gebet zum Himmel, dass er für immer bei
uns bleiben darf und ein gesunder Bursche aus ihm wird, der
seinem Namen Christoph Ehre macht.

⁂

1948 feierte die Mutter das erste Mal nach Kriegsende wieder Ostern in
Attendorn.

April 1948

Seit Jahren wieder das erste Osterfest in der Heimat! [...] Be-
stimmend für den ersten Eindruck von der Stadt war das hohe
Gerüst am Kirchturm. „Unser" Turm wird wieder aufgebaut, der
schöne vielbewunderte Zwiebelturm unseres altehrwürdigen
Sauerländer Domes. Und sicherlich werden wir dann bald wieder
Glocken haben, Heimatglocken, möchte ich sagen. Nirgendwo
läuten sie ja so vertraut wie in der Heimat. – Bei der Einfahrt ins
Städtchen kamen uns schon viele Leute mit Taschen und Körben
und Armen voll Ostersemmel entgegen. Schade, dass wir diese
schöne Brotsegnung am Karsamstag nicht mehr erlebt haben. [...]
Dafür aber war das Erlebnis der Prozession und der brennenden
Osterfeuer rings um Attendorn am Abend des ersten Ostertages
umso eindrucksvoller. Wieder brannten vor allen Fenstern des Prozessionsweges viele Kerzen, und wieder konnte ich nach unserer
altvertrauten Melodie und aus tiefem, gläubigem Herzen singen:
„Das Grab ist leer, der Held erwacht, der Heiland ist erstanden."
Neben mir ging mein kleiner Peter mit leuchtenden Augen; für ihn

war wohl alles mehr ein Schauspiel und später erst wird dieses einzigartige Erlebnis der Osterbräuche in Attendorn für ihn das bedeuten, was es sein soll und wirklich ist: ein herrliches Fanal unüberwindlichen, christlichen Osterglaubens! Wie viel Tröstliches und Beglückendes liegt darin! Möchte es doch alle Welt erkennen und sich unter das Banner des Siegers über Tod und Hölle stellen.

„Ihm kann kein Siegel, Grab noch Stein,
Kein Felsen widerstehn.
Schließt ihn der Unglaub selber ein,
Er will ihn siegreich sehn, alleluja!"

Was katholische Feste und Riten angeht, kann das überwiegend evangelische Eckenhagen dem durch und durch katholischen Attendorn nicht das Wasser reichen. Und doch: In Eckenhagen fand am Pfingstmontag eine Prozession statt, bei der die Katholiken durch die Straßen des Dorfs zogen. Vor Beginn des Krieges hatten sich Protestanten daran gestört, dass an einer Treppe, die zur evangelischen Kirche führte, für die Pfingst-Prozession ein Altar errichtet wurde, und dass der weitere Weg unmittelbar an der evangelischen Kirche vorbeiführte. 1934 eskalierte der Streit, denn der Bürgermeister verfügte eine Änderung des Prozessionsweges. Das ließen sich die Katholiken nicht gefallen, das erzbischöfliche Generalvikariat aus Köln schritt ein. Es machte deutlich, dass der Prozessionsweg ein öffentlicher Weg sei, auch wenn er an der evangelischen Kirche vorbeiführe. Es wurden Bescheinigungen von protestantischen Anrainern des Prozessionswegs vorgelegt, die keine Einwände gegen den Vorbeizug von Katholiken am Pfingstmontag vorbrachten. Der einzige Protestant, der keine schriftliche Erklärung abgegeben hatte, hatte mündlich sein Unbedenken kundgetan. Das Schreiben des Generalvikariats war an den Regierungspräsidenten in Köln gerichtet. Dessen Entscheidung ist nicht dokumentiert.[48]

Ob am Pfingstmontag 1948 die Katholiken auf dem traditionellen oder dem alternativen Prozessionsweg gingen, ist nicht dokumentiert. Dass der Vater aber bei der Prozession Flagge zeigte, macht der Eintrag der Mutter deutlich.

Am zweiten Tag [des Pfingstfests, C. W.] ging wie alljährlich die Prozession durch Eckenhagen. Sie war von gutem Wetter begünstigt. Alle Katholiken Eckenhagens haben sich vorbildlich an der würdigen Ausschmückung des Prozessionsweges beteiligt. Unser Vati ging mit einer brennenden Kerze in der Nähe des Allerheiligsten. Wohl haben einige fanatische Protestanten bereits früher abfällige Bemerkungen darüber gemacht, dass sich ihr Bürgermeister dazu hergebe, aber inzwischen haben auch die Stockprotestanten erkennen müssen, dass die Religion die Erkenntnis und Kraft vermittelt, in der Erfüllung der Pflichten ein Gebot und einen Auftrag Gottes zu sehen.

Die Protestanten werden sich diese Belehrung verbeten haben. Die Bezeichnung „Stockprotestant" zeugt nicht von Toleranz gegenüber der anderen christlichen Glaubensrichtung. Nun war die Mutter Pfingsten 1948 erst 35 Jahre alt, und doppelt so viele Jahre lagen noch vor ihr, in denen sie ihre Ansicht über die „Stockprotestanten" relativieren konnte. Wenn die Mutter früher über eine „Mischehe" sprach, womit eine Ehe zwischen Katholiken und Protestanten gemeint war, dann klang ein Unterton von sündhafter Grenzüberschreitung mit. Trotz dieser scharfen Abgrenzung pflegte die Mutter aber Umgang mit Protestanten, sie waren als Menschen akzeptiert. Das zweite Vatikanische Konzil trug dazu bei, den Graben zwischen der katholischen Mutter und den protestantischen Mitbürgern, gelegentlich Bekannten, wenn nicht gar Freunden, einzuebnen. Mit den Protestanten machte sie im Verlauf ihres langen Lebens Frieden.

Ganz anders war es, wenn die Mutter mit konkurrierenden Religionswahrheiten konfrontiert war oder wenn ihre Glaubenswahrheiten in Zweifel gezogen wurden. Dann reagierte sie ähnlich wie es Jahwe von seinem auserwählten Volk erwartete. Mit Menschen, die anderen Göttern dienten, machten die Israeliten kurzen Prozess.

„Wenn dein Bruder [...] dich heimlich verführen will und sagt: gehen wir und dienen wir anderen Göttern, die du nicht kanntest [...], dann sollst du nicht nachgeben und auf ihn hören. Du sollst in dir kein Mitleid mit ihm aufsteigen lassen, sollst keine Nachsicht für ihn kennen und die Sache nicht vertuschen, sondern du sollst ihn umbringen." (Deuteronomium 13,14, Einheitsübersetzung)

Ähnlich geht es den Bürgern einer Stadt, die anderen Göttern dienen: „[…] dann sollst du die Bewohner dieser Stadt unbedingt mit der Schärfe des Schwerts erschlagen. Du sollst an ihnen und an allem, was in ihr ist, den Bann vollstrecken, auch an ihrem Vieh, mit der Schärfe des Schwertes."[49]

Das Alte Testament ist wie das Neue Testament Teil der Bibel. Oft wird argumentiert, das Neue Testament stehe im Gegensatz zum Alten Testament, hierfür spreche die Bergpredigt: „Ihr habt gehört, was gesagt worden ist: Auge für Auge und Zahn für Zahn. Ich aber sage euch: Leistet dem, der euch Böses antut, keinen Widerstand, sondern wenn dich einer auf die rechte Wange schlägt, dann halt ihm auch die andere hin!"[50]

Hier scheint sich Jesus gegen das Alte Testament zu wenden, denn „Auge für Auge, Zahn für Zahn" ist ein Zitat aus dem Alten Testament.[51] Andererseits besteht er darauf, dass das Alte Testament („das Gesetz") nach wie vor Gültigkeit besitzt.

„Denkt nicht, ich sei gekommen, um das Gesetz und die Propheten aufzugeben: ich bin nicht gekommen, um aufzuheben, sondern um zu erfüllen. Amen, ich sage euch: bis Himmel und Erde vergehen, wird kein Jota und kein Häkchen des Gesetzes vergehen, bevor nicht alles geschehen ist."[52]

Jedenfalls hatte Jesus mit denen, die nicht auf seiner Seite standen, wenig Nachsicht, ähnlich dem Gott des Alten Testaments. „Wer nicht mit mir ist, ist gegen mich; wer nicht mit mir sammelt, der zerstreut."[53] Und das Schicksal, das diejenigen erleiden, die nicht seinen Geboten folgen, machte er ebenfalls deutlich: „Geht weg von mir, ihr Verfluchten, in das ewige Feuer, das für den Teufel und seine Engel bestimmt ist."[54] Oder Johannes 15,6: „Ich bin der Weinstock, ihr seid die Reben. Wer in mir bleibt und in wem ich bleibe, der bringt reife Frucht; denn getrennt von mir könnt ihr nichts vollbringen. Wer nicht in mir bleibt, wird wie die Rebe weggeworfen und er verdorrt. Man sammelt die Reben, wirft sie ins Feuer und sie verbrennen."[55]

Wenn die Grundfesten des Glaubens der Mutter angegriffen wurden oder ihr Gefühl von Anstand und Sittlichkeit verletzt wurde, nahm sie die Bibel ernst, egal ob Altes oder Neues Testament. Das Kämpferische ihrer Jugendzeit blitzte dann auf. Die sittliche Festigkeit der Mutter war nicht immer leicht zu ertragen, bei ihren Geschwistern galt sie als Moralapostel. Josefine machte keinen Hehl daraus, dass ihr der Lebenswandel ihrer Geschwister missfiel, so dass sich ihre Mutter genötigt sah, ihrer Tochter Fine zu schreiben, „dass sie das Unheil nicht noch größer macht"[56].

※

Nach der Aufteilung Deutschlands in vier Besatzungszonen drifteten die von Amerikanern, Briten und Franzosen besetzten Gebiete (die „Westzonen" oder die „Trizone") und das von der Sowjetunion besetzte Gebiet (die „Ostzone") wirtschaftlich und ideologisch auseinander. Um die Wirtschaftskraft der Trizone zu stärken, beschlossen die USA eine Währungsreform. Am 20. Juni 1948 wurde die Reichsmark durch die D-Mark ersetzt.

21. Juni 1948

Gestern war die lang erwartete Währungsreform, von vielen befürchtet – von vielen ersehnt. Wir gehörten zur letzten Gruppe. Nun müssen sich bald die Verhältnisse normalisieren, wenngleich auch wichtige Lebensmittel voraussichtlich noch lange Zeit rationiert bleiben werden. Viele Leute haben nun Sorgen, ihre Tausender unterzubringen, ohne in den Verdacht schwarzer Geschäfte zu geraten. Unsere Sorge war anders gelagert. Wir konnten nur mit Mühe das Geld für die Kopfquote zusammenbringen. Am Geld gemessen, sind heute alle Menschen gleich reich. Ehrfurchtsvoll halten wir die neuen Scheine in den Händen. „Wozu ist Geld doch gut? Hat man's nicht, so fehlt der Mut. Wer es hat, hat Sorglichkeit, wer es hat gehabt, hat Leid.

Auch hier klare Grundsätze: keine unsauberen Geschäfte. Das hatte Vor- und Nachteile. Der Vorteil: Die Eltern blieben nicht auf ihrem Schwarzgeld sitzen. Der Nachteil: Sie hatten Probleme, die Kopfquote zusammenzubrin-gen. Kopfquote hieß, dass jede Bewohnerin und jeder Bewohner der drei westlichen Besatzungszonen 40 DM im Umtausch gegen 40 Reichsmark erhielt. Hinsichtlich der Bargeldreserven müssen die Eltern wirklich arm gewesen sein, denn Reichsmark gab es im Überfluss. Als die Mutter im November 1944 nach ihrer Flucht aus Wien bei den Eltern ihres Mannes untergekommen war, schrieb sie, man könne mit dem Geld die Wände tapezieren, aber kaufen könne man dafür nichts. Sie hatte wohl kein In-teresse an dem wertlosen Geld. Das war wiederum von Vorteil, denn die Sparer wurden durch die Währungsreform betrogen, am Ende wurden aus tausend gesparter Reichsmark gerade einmal 65 DM. Andererseits hatten die Eltern weder Haus noch Hof, auch keine anderen Sachwerte. Das wiederum war ein Nachteil, denn die Besitzer von Sachwerten wurden durch die Währungsreform geschont. So gehörten die Eltern zur großen Mehrheit derer, die mit einem bescheidenen Startkapital von 5 mal 40 DM beginnen mussten – die Kopfquote galt auch für die Kinder.[57]

⚜

Im August 1946 hatte sich die Mutter noch bitter beschwert, dass ihr Mann keine Zeit für sie hatte und nur wenige Ferientage in der Hütte an der Lis-tertalsperre verbrachte. Zwei Jahre später schien sich die Lage vorübergehend entspannt zu haben. Auch die Sorgen um ihren Jüngsten waren verflogen. Die Hütte und die sie umgebende Natur übten einen ganz eigenen Reiz auf die Mutter aus. Hier fühlte sie sich Gott nahe, hier hatte sie Zeit und Gelegen-heit, über Gott und die Welt, konkret Menschen und Tiere, nachzudenken. Der Mensch kommt weniger gut weg als die Tiere, nur die Katze muss sich vor ihren Rachegelüsten vorsehen. In der Nähe der Hütte hatten Webers einen Bauernhof, sie halfen der Familie in der Nachkriegszeit oft mit Lebens-mitteln aus. Außerdem führten sie im Nebenbetrieb ein kleines Restaurant.

August 1948

Es ist soweit. Ferien vom Ich! Hier kann man wirklich davon sprechen. Allen Ballast der Zivilisation streift man hier ab, und nur der eigentliche Mensch bleibt übrig. Der aber ist froh und natürlich und vor allem dem lieben Gott sehr nahe. Wie muss Gott oft von Trauer erfüllt sein, wenn er dieses Gebilde Mensch betrachtet, das doch nach seinem Willen die Krönung der Schöpfung bilden sollte. Wie weit sind wir allesamt davon entfernt, in unserem Tun das Lob des Schöpfergottes zu verkünden. Wie wichtig erscheinen uns nebensächliche Dinge. Richtig verkrustet sind wir, und darum kann unsere Seele nicht mehr atmen und ihre Kräfte entfalten. Wir müssen wieder zurückfinden zu echter Natürlichkeit, dann findet der Mensch am ehesten zum Menschen und zu Gott. Diese Umgebung ist so recht dazu angetan: die Stille des Waldes, die vollkommene Abgeschlossenheit, die Begegnung mit Gottes unverdorben Geschöpfen, den Tieren. In aller Frühe schon hören wir das fröhliche Gezwitscher der gefiederten Sänger, der Specht, das Käuzlein, die Eule, Hasen und Rehe und selbst die dicke Hummel sind uns Freunde geworden. Nur der Katze, die uns nachts die Milch wegschleckt, bin ich ein geschworener Feind, wehe, wenn ich sie erwische. Aber solche Rachegedanken sind hier schnell verklungen.

[...] Über Sonntag war Grete hier. Ein Erlebnis war der gemeinsame Kirchweg. Das kleine, saubere und moderne Kirchlein im romantisch-schönen Dumicketal! Und wenn erst Gretes Lieblingspate die Predigt hält, so wird der ganze Sonntag und die darauffolgende Woche davon überstrahlt. Als wir vom Mittagessen bei Webers zurückkamen in die Hütte, hatte Grete eine sehr schmackhafte Überraschung: einen Apfelkuchen mit Schlagsahne, der hier festgehalten zu werden verdient. Ich habe es in den 3 Jahren in Eckenhagen noch nicht zu Schlagsahne gebracht. Willi wird es auch nicht wollen, aber diese Kostbarkeit war ja sozusagen Gretes „eigenes" Erzeugnis. Übrigens kann sie bald an einem Haustierzüchterwettbewerb teilnehmen: Pferd, Kühe, Ziegen, Schweine, Hühner, Hund und Katze gehören zu ihrer Hausgemeinschaft. Wohl denkt sie langsam an einen Abbau, denn lange genug hat sie sich damit schon herumgeschlagen und allmählich muss es ja ernährungsmäßig besser werden. So hoffen wir es alle sehnlichst. Einstweilen spüren wir hier nicht die schlechten Zeiten, bei Webers sind wir gut aufgehoben. Ich freue mich besonders für unseren Vati, der zum Erbarmen mager aussieht und es sehr nötig hat, einmal richtig aufgepäppelt zu werden.

1948 war Speiseöl nach wie vor knapp. Diesem Mangel begegnete die sparsame Mutter im September mit einer aufwändigen und wenig effizienten Methode der Speiseölgewinnung.

Anfang September 1948

Hier ist die Masern-Epidemie ausgebrochen [...] Noch ein anderes Fieber hat die Menschen hier gepackt: das Bucheckern-Fieber. Sie sind reif und die Wälder liegen übersät voll von diesen kleinen Ölfrüchten. In Scharen gehen die Leute sammeln, denn für 7 Pfund Bucheckern gibt es 1 l Öl. Mühselig ist es zwar, aber wer möchte nicht mal wieder Öl sehen und schmecken? Reibeplätzchen, Berliner Ballen, Krapfen, Mutzenmändelchen – lauter verlockende Kostbarkeiten für den Gaumen, auf die wir seit Jahren verzichten müssen. Also schnüre auch ich mit meinen Söhnen ersten Tages mein Bündel und ziehe hinaus. [...] Die vielen Tropfen, die einen Eimer geben, werden dann in Gestalt von Bucheckern schneller das Säckchen füllen.

Oktober 1948

Wir waren gestern im Puhlbruch mit Kind und Kegel zum Bucheckernsammeln, außer natürlich unserem Vati. Immer klingt es mir noch in den Ohren: Mutti, ich habe schon den Boden verdeckt, – Mutti, wirf mir mal eine Handvoll in meine Tasse, – Mutti, ich finde aber gar keine, – Mutti, meine Knie tun mir weh, – Mutti, darf man hier bei Bucheckern auch Pippi machen? – Mutti, der Christoph hat sein Fläschchen auf die Erde geworfen, – Mutti, der

Christoph hat die Hose voll, – es stimmte tatsächlich. Aber es stimmt auch, dass ich die Nase voll habe vom Bucheckernsammeln, wenigstens mit drei kleinen Kindern. Doch die Sehnsucht nach einem einzigen Liter Öl hat nicht nachgelassen. 3 Pfund haben wir nur gesammelt.

15. November 1948

Ich durfte mein Bucheckern-Öl holen, ganze 3/4 Liter. Dabei musste der Kaufmann noch für einige fehlende Grämmchen ein Auge zudrücken.

Nach Kriegsende befanden sich über 11 Millionen Angehörige der Wehrmacht und der Waffen-SS in Gefangenschaft. In den Gefangenenlagern Großbritanniens starben 0,03 %, in französischen Gefangenenlagern 2,6 % der Insassen. In sowjetischen Lagern war es mehr als ein Drittel. In einer Konferenz in Moskau, die im März und April 1947 stattfand, einigte man sich darauf, alle Gefangenen bis zum 31. Dezember des Jahres nach Deutschland zu entlassen. Zwar waren bis Ende 1947 knapp eine halbe Million Gefangene aus der Sowjetunion zurückgekehrt, nur geringfügig weniger befanden sich aber Anfang 1949 noch in Gefangenschaft.[58] Dies ist wohl der Hintergrund für den Eintrag der Mutter zu Weihnachten 1948.

Dezember 1948

Ach, es ist traurig, dass die Friedensbotschaft des heiligen Weihnachtsfestes bei unendlich vielen Menschen ungehört verhallt, denn wenn die Menschen guten Willens wären – wie könnten noch hunderttausende deutscher Kriegsgefangener im Ausland festgehalten werden? Wie viele Frauen und Mütter sind nicht einmal im Besitz einer Nachricht, – warten und hoffen, anders gibt es für sie nichts, aber das Hoffnungslichtlein bekommt nur selten neue Nahrung. Wie viel Glück liegt zertreten am Boden. In diesen Wochen wird die Erinnerung mächtiger denn je und der verheilt geglaubte Schmerz bricht von neuem auf. Muss ich nicht sehr dankbar sein für das Glück, dass wir unseren Vater wiederbekommen haben?!

⚘

Im Jahrhundertsommer 1947 war die Wasserknappheit ein veritables Problem. Die Mutter beschrieb die Mühen, mit denen Wasser von einem entfernten Brunnen angeschleppt werden musste. Am Ende dieses Sommers entschloss sich der Vater, eine Wasserleitung zu bauen. Doch wie bei jeder Initiative, möge sie noch so sinnvoll sein, gab es auch hier Bedenkenträger.

Ende November 1947

In diesen Monaten der empfindlichsten Wasserknappheit ist in unserem Vati der Plan gereift, eine ausreichende Wasserleitung zu bauen. Wohl wird es einige Zeit und großmöglichste Überredungskunst brauchen, bis dieses Vorhaben in die Eckenhagener Sturköpfe eingegangen ist. Aber Willi weiß sie zu nehmen und wird gegen allen Widerstand durchführen, was er sich einmal vorgenommen hat. Viel später wird man erst erkennen, dass die verlangten eigenen kleinen Opfer in keinem Verhältnis zu dem großen Gewinn stehen, denn Wasser ist ja die erste Voraussetzung für jede weitere Entwicklung eines Dorfes.

Es dauerte bis zum Beginn des Jahres 1949, dass endlich mit dem Bau der Wasserleitung begonnen werden konnte. Die männlichen Bedenkenträger konnten sich insofern im Recht fühlen, als sie nun zur Arbeit herangezogen wurden. Bagger gab es nicht.

März 1949

Wenn man sich auf einem Spaziergang in der Nähe Eckenhagens umschaut, sieht man allüberall sich fleißige Hände rühren. Mit Hacke und Schaufel werden Gräben aufgeworfen, denn jeder Mann ist verpflichtet worden, sich an der Erdbewegung durch Selbsthilfe

–148–

zu beteiligen. Es geht um die Wasserleitung, deren Bau nun in vollem Gange ist. Viele Zweifler und Nörgler sind auch bis heute noch nicht zum Schweigen gebracht, aber eines Tages wird der Erfolg sie belehren, was eiserner Wille zuwege bringt. Diese Wasserleitung hat unseren Vati viele Nerven und viele Fahrten zu zahlreichen Regierungsstellen gekostet, nun aber ist sie im Entstehen und es wird keinen Sommer mehr in Eckenhagen geben, in dem die Leute mühselig von weitem das Wasser für Menschen und Vieh schleppen müssen. Ich habe es ja selbst im vergangenen Jahre über 5 Monate erlebt, was es heißt, ohne fließendes Wasser zu sein.

Die Wasserleitung wurde im Oktober 1949 eingeweiht.

20. Oktober 1949

Einen würdigen Abschluss der Eckenhagener Jahre bildet die heutige feierliche Einweihung der Wasserleitung [...], an der die gesamte Bevölkerung teilnimmt. Mit diesem Werk hat sich unser Vati für alle Zeiten ein Denkmal gesetzt, und er darf stolz darauf sein und mit Recht heute die Dankesbezeugungen der Bevölkerung entgegennehmen.

Dies war eine der letzten Diensthandlungen des Vaters in Eckenhagen.

ANMERKUNGEN

1. Oswald Gerhard, *Eckenhagen und Denklingen im Wandel der Zeiten*. Eckenhagen, Heimatverein Eckenhagen 1953, S. 55
2. Max Frisch, *Tagebuch 1946-1949*. Frankfurt am Main, Suhrkamp 1950
3. Ian Kershaw, *Höllensturz*. München, Deutsche Verlagsanstalt 2016, S. 635-636
4. Ian Kershaw, *Höllensturz*. München, Deutsche Verlagsanstalt 2016, S. 562
5. Ian Kershaw, *Höllensturz*. München, Deutsche Verlagsanstalt 2016, S. 644

6. *Diaspora.* at https://de.wikipedia.org/wiki/Diaspora (aufgerufen am 6. Juli 2019)

7. *Berliner Erklärung.* Konrad-Adenauer-Stiftung 1945. at https://www.kas.de/c/document_library/get_file?uuid=94e290c7-e7e7-49eb-9d55-c531dee7552c&groupId=252038 (aufgerufen am 6. Juli 2019)

8. Else Yeo, *Unser Fuhrmann Dures. Ein Lesebuch mit Bildern.* Leverkusen, Verlag Else Yeo 2000

9. N.N. *Aktennotiz zum Kommadeur-Wechsel am 27.9.1945.* Archiv der Gemeinde Reichshof

10. Abschrift der Ansprache des Kommandeurs der belgischen Besatzungstruppe in Eckenhagen. Archiv der Gemeinde Reichshof 1945.

11. gez. „Wagener, Der Bürgermeister", *Bekanntmachung, betr.: Verhalten der Zivilbevölkerung der Besatzungsmacht gegenüber.* Archiv der Gemeinde Reichshof 15. Oktober 1945.

12. Der Landrat des Oberbergischen Kreises, Schreiben an die Herren Bürgermeister des Kreises. *Betrifft: Verhalten der Bevölkerung zu den Besatzungstruppen.* Archiv der Gemeinde Reichshof 4. Dezember 1945.

13. Der Landrat des Oberbergischen Kreises, Schreiben an den Schulrat des Oberbergischen Kreises. *Betr.: Verhältnis deutscher Jugendlicher zu den Besatzungstruppen.* Archiv der Gemeinde Reichshof 1945.

14. *Erklärung in Anbetracht der Niederlage Deutschlands und der Übernahme der obersten Regierungsgewalt hinsichtlich Deutschlands durch die Regierungen des Vereinigten Königreichs, der Vereinigten Staaten von Amerika und der Union der Sozialistischen Sowjet-Republiken und durch die Provisorische Regierung der Französischen Republik.* documentArchiv.de, 5. Juni 1945. at http://www.documentarchiv.de/in/1945/niederlage-deutschlands_erkl.html (aufgerufen am 6. Juli 2019)

15. unterschrieben „Wagener, Der Gemeinde-Direktor", *Bescheinigung.* Archiv der Gemeinde Reichshof 18. Februar 1947.

16. Willi A. Boelcke, *Der Schwarzmarkt 1945-1948: Vom Überleben nach dem Kriege.* Braunschweig, Georg Westermann Verlag 1986, S.106.

17. Carsten Stern, *Schwedenspeisung und Rotes Kreuz in Hamburg: Massenspeisungen 1946-1949 für Hamburger Kleinkinder in der Hungerzeit.* Neumünster, Wachholtz 2008

18. Protokoll der Sitzung der Gemeindevertretung von Eckenhagen am 20. Dezember 1946, Archiv der Gemeinde Reichshof.

19. Gemeinde-Obersekretät Dohrmann, Gemeindeverwaltung Eckenhagen, *An die Vertrauensmänner des Landvolks in der Gemeinde Eckenhagen. Betrifft: Sicherstellung der Brotversorgung.* Archiv der Gemeinde Reichshof 23. Dezember 1946.

20. Gemeinde-Direktor Wilhelm Wagener, *An sämtliche Ortsvorsteher in der Gemeinde. Betrifft: Sicherstellung der Brotversorgung. Hier: Ausdrusch und Ablieferung des Brotgetreides.* Archiv der Gemeinde Reichshof 26.11.1946.

21. Bürgermeister Wilhelm Wagener, *An die Vertrauensmänner der Landbevölkerung der Gemeinde Eckenhagen. Betr.: Flüchtlingskinder in der Gemeinde Eckenhagen.* Archiv der Gemeinde Reichshof, 17. April 1946.

22. Gemeindedirektor Wagener, Ehrenbürgermeister Schmalschläger, Vertreter der Inneren Mission, der Caritas und der Arbeiterwohlfahrt, *An die Bevölkerung unserer Gemeinde!* Archiv der Gemeinde Reichshof 1946.

23. Entnazifizierungsausschuss der Gemeinde Eckenhagen, *An den Kreisentnazifizierungsausschuss des Oberbergischen Kreises in Gummersbach. Betr.: Hinrichtung des polnischen Hilfsarbeiters Wladislaw Muszynski auf der Hasbacher Höhe am 22. März 1944.* Archiv der Gemeinde Reichshof 5.8.1947.

24. Gemeindeverwaltung Eckenhagen, *Vernehmungsprotokoll.* Archiv der Gemeinde Reichshof 22. Mai 1947.

25. Gemeindeverwaltung Eckenhagen, *Vernehmungsprotokoll.* Archiv der Gemeinde Reichshof 28. Juli 1947.

26. Gemeindeverwaltung Eckenhagen, *Vernehmungsprotokoll.* Archiv der Gemeinde Reichshof 29. Mai 1947.

27. Ian Kershaw, *Höllensturz.* München, Deutsche Verlagsanstalt 2016, S. 652

28. Ian Kershaw, *Höllensturz.* München, Deutsche Verlagsanstalt 2016, S. 653-564

29. Straffreiheitsgesetz. at https://de.wikipedia.org/wiki/Straffreiheitsgesetz_1954 (aufgerufen am 6. Juli 2019)

30. NSDAP Ortsgruppe Eckenhagen, Abschrift, *An die Polizeiverwaltung in Eckenhagen.* Archiv der Gemeinde Reichshof 24. Dezember 1943.

31. Entnazifizierungsausschuss der Gemeinde Eckenhagen, *An den öffentlichen Ankläger der Spruchkammer im Internierungslager in Ludwigsburg bei Stuttgart.* Archiv der Gemeinde Reichshof 1947

32. Lotte Müller, geb. Stodiek, *Bericht über die Verhaftungsursache meines Vaters, des Friseurmeisters Wilhelm Stodiek.* Archiv der Gemeinde Reichshof 5. Mai 1947

33. Entnazifizierungsausschuss der Gemeinde Eckenhagen, *An den öffentlichen Ankläger der Spruchkammer im Internierungslager in Ludwigsburg bei Stuttgart.* Archiv der Gemeinde Reichshof 19.5.1947.

34. Inga J., *Gespräch mit Frisörmeister Stodiek*, Abschrift. Archiv der Gemeinde Reichshof 20. Dezember 1943.

35. Kriminalpolizei Leitstelle Köln, *Mitteilung der Aufnahme an Kriminalpolizeistelle.* Archiv der Gemeinde Reichshof 3. Februar 1944.

36. Entnazifizierungsausschuss der Gemeinde Eckenhagen, *An den Kreisentnazifizierungsausschuss in Gummersbach.* Archiv der Gemeinde Reichshof 19. Mai 1947.

37. Ian Kershaw, *Höllensturz*. München, Deutsche Verlagsanstalt 2016, S. 650

38. Ian Kershaw, *Höllensturz*. München, Deutsche Verlagsanstalt 2016, S. 651

39. Gemeindedirektor Wagener, *Akündigung der Ausgabe von Herden und Ofenteilen an Ostvertriebene.* Archiv der Gemeinde Reichshof 3. Juni 1947.

40. Gemeindedirektor Wagener, *Ankündigung der Sammlung von Möbeln, Hausrat, Wäsche, Bekleidung und Lebensmitteln zugunsten der Ostvertriebenen.* Archiv der Gemeinde Reichshof 29. November 1946.

41. Gemeindedirektor Wagener, *Schreiben an das Flüchtlingsamt der Kreisverwaltung des Oberbergischen Kreises in Gummersbach. Betr.: Strohsäcke und Kopfpolster für die Flüchtlinge.* Archiv der Gemeinde Reichshof 4. November 1948.

42. Gemeinde-Direktor Wagener, *Schreiben an die Vertrauensmänner der Landbevölkerung in der Gemeinde. Betr.: Kartoffelanbaufläche 1946/47.* Archiv der Gemeinde Reichshof 29. August 1946.

43. Gemeinde-Direktor Wagener, Urschr. der Kreisverwaltung, Oberbergischer Kreis – Sozialamt – in Gummersbach, *Berfürwortung der Entlassung des Elektromeisters P. aus Kriegsgefangenschaft.* Archiv der Gemeinde Reichshof 17. Februar 1948.

44. Ingrid Müller-Münch, *Die geprügelte Generation. Kochlöffel, Rohrstock und die Folgen.* Stuttgart, Klett-Cotta 2012, S. 85
45. Heinz Boberach, *Meldungen aus dem Reich. Die geheimen Lageberichte des Sicherheitsdienstes der SS 1938 – 1945.* Herrsching, Pawlak Verlag 1984
46. Sabine Bode, *Die vergessenen Generation. Die Kriegskinder brechen ihr Schweigen*, 4. erw. Auflage, München, Piper 2011, S. 151
47. Johanna Haarer, *Die deutsche Mutter und ihr erstes Kind.* München, Berlin, F.F. Lehmanns Verlag 1940
48. Erzbischöfliches Generalvikariat, *Schreiben zum Weg der katholischen Pfingstprozession in Eckenhagen.* Archiv der Gemeinde Reichshof 25. Oktober 1934.
49. Deuteronomium 13,14. 2016. at https://www.bibleserver.com/text/EU/5.Mose13,14?language=de (aufgerufen am 6. Juli 2019)
50. Matthäus 5, 38-39. 2016. at https://www.bibleserver.com/text/EU/Matthäus5%2C38-39 (aufgerufen am 6. Juli 2019)
51. 2. Mos 21. 2016. at https://www.bibleserver.com/text/EU/2.Mose21 (aufgerufen am 6. Juli 2019)
52. Matthäus 5, 17-20. 2016. at https://www.bibleserver.com/text/EU/Matthäus5%2C46 (aufgerufen am 6. Juli 2019)
53. Matthäus 12, 30. 2016. at https://www.bibleserver.com/text/EU/Matthäus12%2C30 (aufgerufen am 6. Juli 2019)
54. Matthäus 25, 41. 2016. at https://www.bibleserver.com/text/EU/Matthäus25%2C41 (aufgerufen am 6. Juli 2019)
55. Johannes 15, 6. 2016. at https://www.bibleserver.com/text/EU/Johannes15%2C6 (aufgerufen am 6. Juli 2019)
56. Maria Zeppenfeld, geb. Bock, Brief an ihre Tochter Martha Risse vom 18. Juli 1951
57. Anne Sudrow, *Kleine Ereignisgeschichte der Währungsreform 1948.* Bundeszentrale für politische Bildung 2018
58. Rüdiger Overmans, *Die Rheinwiesenlager 1945.* In: H-E Volkmann, ed. Ende des Dritten Reiches – Ende des zweiten Weltkriegs. Eine perspektivische Rückschau. München, Militärgeschichtliches Forschungsamt 1995, S. 278.

Erziehung (1950–1954)

„Ich finde, dass man Kindern die Ruhe zum langsamen Wachsen lassen soll. "

Tagebucheintrag vom April 1948

D er Vater trat im November 1949 die Stelle des Stadtdirektors in Bensberg an, im März 1950 zog die Familie um. Bensberg liegt an den westlichen Hängen des Bergischen Landes, etwa 16 km von Köln. 1949 hatte die Stadt etwas mehr als 22.000 Einwohner. In Bensberg steht eine Burg aus dem 12. Jahrhundert, die den Grafen von Berg zeitweise als Residenz diente. 1950 war in der durch verschiedene Anbauten erweiterten Burg ein katholisches Krankenhaus untergebracht. Anfang der sechziger Jahre des vorigen Jahrhunderts entstand nach Plänen des Architekten Gottfried Böhm aus der durch An- und Umbauten verunstalteten Burg das neue Rathaus, von Bewunderern „Bensberger Akropolis", von Kritikern „Aapefelsen" (Affenfelsen) getauft. Dort arbeitete der Vater. Nach seinem Tod wurde der Rathausplatz nach ihm benannt.

Bensberg wird außerdem von einem Barockschloss gekrönt, das Herzog Jan Wellem (Johann Wilhelm II., Herzog von Jülich und Berg) sich zu Beginn des 18. Jahrhunderts als Jagdschloss hatte bauen lassen. Vorbild des Schlosses war Schloss Schönbrunn in Wien, womit sich zumindest „schlossmäßig" der Kreis zwischen Wien und Bensberg schloss. Jan Wellem hatte die Fertigstellung seines riesigen Jagdschlosses nicht mehr erlebt, seine Nachfolger besuchten das Schloss nur selten. Das weitere Schicksal des Schlosses ist wie ein Spiegel der Geschichte: 1840 bis 1918 preußische Kadettenanstalt, 1935 bis 1945 Nationalpolitische Erziehungsanstalt („NAPOLA"), nach 1945 Nutzung durch amerikanische, englische und seit 1946 belgische Besatzungstruppen. Zwischen 1965 und 1997 war im Schloss das Koninklijk Atheneum Bensberg untergebracht, ein belgisches Gymnasium. 1997 wurde das Schloss aufwändig restauriert und zu einem Fünf-Sterne-Grandhotel umgebaut, mit dem Drei-Sterne-Restaurant Vendome. Während der Fußball-WM 2006 in Deutschland war das südkoreanische Team im Schloss untergebracht, die Mannschaft desjenigen Landes also, gegen das Deutschland in der Vorrunde des Turniers 2018 2:0 verlor und in der Vorrunde ausschied.

Burg und Schloss konnten nicht darüber hinwegtäuschen, dass sich Bensberg 1950 in einem recht erbärmlichen Zustand befand, es gab keine Kanalisation, „die Gülle floss über die Straße", wie der Vater vermerkte.

Im März 1950 stand Peter einen Monat vor seinem zehnten Geburtstag, im April kam er ins dritte Schuljahr. Michael war sechs Jahre alt, er wurde im nächsten Jahr eingeschult. Ich war mit meinen zwei Jahren noch zuhause. Die Kinder waren dem Kleinkindalter entwachsen, die Erziehung stellte jetzt höhere Anforderungen. Der Vater griff im Allgemeinen in die Erziehung nur ein, wenn Strafen fällig wurden, ansonsten war die Erziehung der Mutter (und dem Kindermädchen) überlassen.

Die Mutter war bestrebt, ihre Kinder zu „guten Menschen" zu erziehen. Um ein „guter Mensch" zu sein, muss das Kind ein guter Christ, sprich, ein guter Katholik sein. Für die Mutter ging die Erziehung zu einem guten Menschen mit der Erziehung zu einem guten Katholiken Hand in Hand. Für den Katholiken gilt die Fastenzeit, die von Aschermittwoch bis Ostersonntag, also sechseinhalb Wochen, dauert. Vor Beginn der Fastenzeit feiert der rheinische Katholik Karneval. Offiziell beginnt im Rheinland die fünfte Jahreszeit bereits am 11.11. des Vorjahres, um 11:11 Uhr. Für die Kinder fing der Karneval allerdings erst mit Beginn des Straßenkarnevals an, an Wieverfasteleer, auf Deutsch: Weiberfastnacht, dem letzten Donnerstag vor Beginn der Fastenzeit. Höhepunkt des Straßenkarnevals war der Karnevalszug, der in jedem Dorf und jeder noch so kleinen Stadt des Rheinlands stattfand, so auch in Bensberg bei Köln. Das aufregendste am Karnevalszug waren die Kamellen (i. e. Bonbons), die die auf den Wagen stehenden Karnevalisten in die Menge warfen. Unsere dreiviertel langen Lederhosen, unter dem Knie festgebunden, waren ein ideales Kamellenreservoir, wenn zuvor Löcher in die Seitentaschen geschnitten worden waren und die Kamellen den Raum der Hose füllen konnten.

Das Sammeln von Kamellen war jedoch eher von Sportsgeist als von Genusssucht diktiert. Am Aschermittwoch kamen die Süßigkeiten nämlich in einen Behälter, in dem sie bis Ostersonntag aufbewahrt und nicht angerührt werden durften. Den Erfolg des Kamellenfangs konnte man nur wenige Tage genießen, ab Aschermittwoch war Schluss mit Genuss, und zwar bis Ostersonntag.

Michael hatte so einige Probleme mit der Fastenzeit.

Mai 1950

Ich muss noch einen kleinen Rückblick auf die vergangenen Wochen werfen. Auch in diesem Jahre habe ich den Kindern ihren Teil an der Fastenzeit zugemessen. Jeder hat eine große Blechdose, in die alle erhaltenen Süßigkeiten dieser Zeit hinein wandern sollen. Ich muss sagen, dass sie es ziemlich ernst nehmen. Der Inhalt von Michaels Dose spricht jedoch Bände. Was eigentlich eine runde Form haben müsste, ist vielkantig angeknabbert, während die Schokoladenstückchen immer runder und kleiner werden.

Die Erwartung der Mutter an die Askesebereitschaft ihrer Söhne, speziell ihres Sohnes Michael, hätte am Ostersonntag erfüllt sein können, doch ihr ältester Sohn Peter machte einen Vorschlag, der zu heroisch klingt, als dass er tatsächlich von ihm selbst hätte kommen können. Auf seinen Vorschlag hin wurden die Inhalte der Fastenspardose nicht nur von ihm, sondern auch von Michael zusammen mit einigen Eiern in ein Körbchen gelegt und einer Familie mit sieben Kindern geschenkt.

Mai 1950

Während Peter auf diesen schönen Gedanken kam, verzog Michael wohl missbilligend den Mund, schickte sich aber darein und war nachher sogar recht stolz auf seine heroische Tat und

erzählte mir begeistert von der Freude und dem Jubel der [...]
Kinder beim Anblick all der Herrlichkeiten.

Das Erziehungsziel war in diesem Fall Mildtätigkeit.
Der Erfolg der Erziehung hängt gleichermaßen vom Erziehenden und Erzogenen ab. Dies gilt auch für die religiöse Erziehung.

November 1950

Während ich Peter nie zur Kirche drängen musste, ist Michael kein begeisterter Kirchengänger. Mit seinen 6 Jahren muss er doch wenigstens am Sonntagnachmittag in die Andacht gehen. Ich gebe mir alle Mühe, ihm, auch anhand eines kindlichen Gebetsbuches mit vielen schönen Bildern, ein wenig Verständnis und Interesse beizubringen. Über den Misserfolg bin ich erschüttert. Nachdem er am Sonntag mit sichtlichem Widerwillen zur Andacht ging, kam er wider Erwarten mit glückstrahlendem Gesicht nach Hause und sagte: „Mutti, heute war's aber mal schön in der Kirche."
Ich freute mich schon sehr über seine Gesinnungsänderung und fragte: „Ja, Michael, warum denn?" – „'Ne Bank war umgefallen."

Im Juni 1951 – Michael hatte das erste Schuljahr bald abgeschlossen – bat ich ihn, etwas zu malen.

Juni 1951

Michael tat es bereitwillig. Er hatte einen Kelch gemalt und Christoph fragte ihn, was das sei. Worauf Michael ihm erklärte: „Dat is sowat wo unser Pastor sin Kamellen drin verwahrt." – Ich war erschüttert.

In der katholischen Liturgie enthält der Kelch Wein, der im Messopfer gewandelt („transsubstanziiert") wird. Das erklärt die Erschütterung der katholischen Mutter.
Peter wurde 1947 eingeschult, im April 1948 erhielt er sein erstes Schulzeugnis.

Peter brachte voller Stolz sein erstes Zeugnis aus der Schule heim; es konnte sich auch sehen lassen, das muss man schon sagen. Der Vater war nicht weniger stolz, obwohl solch' ein erstes Zeugnis nach meiner Meinung nicht viel besagt. Aber er feuert Peters Ehrgeiz an, war er doch selbst in der Schule einer der Ersten und möchte auch bei seinen Kindern den gleichen Lerneifer sehen. Ich finde, dass man Kindern die Ruhe zum langsamen Wachsen lassen soll. Auch das geistige Wachstum erfolgt Schritt für Schritt, und man darf dabei den zweiten nicht vor dem ersten tun. Unser Vati hat eben keine Geduld zum Warten. Er treibt alle Dinge voran und zwingt allen sein Tempo auf. Es ist nur gut, dass er nicht dem lieben Gott ins Handwerk pfuschen kann. „Doch leichter trägt sich, was man trägt, wenn man Geduld zur Bürde legt!"

Von den Söhnen erwarteten die Eltern gute Leistungen in der Schule. Dieser Erwartung lag wohl die Annahme zugrunde, dass es eine positive Korrelation zwischen Schulerfolg und Berufserfolg gibt. Dass diese Korrelation aber alles andere als perfekt ist, mag den Eltern damals nicht bewusst gewesen sein. Hinzu kam dann noch der ganz persönliche Ehrgeiz des Vaters, den er auch seinen Söhnen einzupflanzen versuchte. Schlechte Leistungen in der Schule wurden streng geahndet, mit Umgraben des Gartens z. B.

Zur Leistung gehören Motivation und Talent. Die Motivation des Vaters lag auf der Hand, er kam aus armen Verhältnissen. Er verkannte, dass seine Kinder unter ganz anderen Bedingungen aufwuchsen. Peter hatte in der Wiener Zeit Armut nicht kennengelernt. In der unmittelbaren Nachkriegszeit war die Armut zwar groß, doch sie machte keinen Unterschied, alle waren arm. Die Anstrengung, aus der Armut herauszukommen, war eine allgemeine, keine individuelle, dem persönlichen Schicksal geschuldete. Der Vater war angesehen, er bekleidete ein öffentliches Amt. Für die Kinder gab es keinen Grund, „etwas Besseres" werden zu wollen. So war ihr schulischer Ehrgeiz nicht sonderlich ausgeprägt, die schulischen Leistungen waren keinesfalls immer Hochleistungen. Das erste Zeugnis seines Ältesten, das der seinerzeit noch aus der Eckenhagener Schule nach Hause brachte, ließ ihn noch von schulischen Spitzenleistungen träumen. Die Mutter sah den Ehrgeiz des Vaters eher kritisch.

Die meisten Pädagogen sind sich einig, dass Belohnung eine geeignetere Erziehungsmaßnahme ist als Strafe. Doch diese Erziehungsmaßnahme wurde eher selten eingesetzt, zumindest wird sie von der Mutter nicht oft erwähnt. Außerdem sind die Folgen einer Belohnung nicht immer absehbar, vor allem, wenn es denjenigen trifft, dem die Belohnung versagt bleibt.

Peter bestand mit zehn Jahren die Freischwimmerprüfung. Das Zeugnis zeigte er dem Vater in der Hoffnung, dass ein paar Mark für die Spardose abfallen würden. Er täuschte sich nicht. Doch Michael fand die einseitige Geldzuwendung weniger gut.

August 1950

Michael macht ein betrübtes Gesicht und überlegt angestrengt, wie er einen Ausgleich bewerkstelligen könnte. Er hat gleich am nächsten Tag einen tollkühnen Entschluss gefasst. Er springt kurz entschlossen, ohne schwimmen zu können, vom 3m-Brett ins tiefe Wasser in der Hoffnung, für diese „Heldentat" entsprechende Anerkennung zu finden. Diese fiel zwar nicht nach seinen Wünschen aus, aber einen Trostpreis bekam er immerhin.

Erziehungsmittel der Wahl waren allerdings Strafen, in mannigfachen Formen und Ausprägungen. Mangelhafte Schulleistungen wurden hart bestraft. Das bekam Peter zu spüren. Er war ein begeisterter Bastler, ein „Technikfreak", wie man heute sagen würde. Die Mutter schildert das technische Talent und die Bastelleidenschaft des Zwölfjährigen.

Januar 1953

Er ist nämlich ein richtiger kleiner Bastelkünstler und technisch außerordentlich interessiert und begabt. Er baut kleine Morse-Apparate, Telefonleitungen legt er durchs Haus, damit sich die Kinder abends noch verständigen können. Kleine Reparaturen an elektrischen Geräten führt er fachmännisch aus, ob Bügeleisen, Staubsauger, Radio – wir brauchen den vielbeschäftigten Vati gar nicht mehr damit zu behelligen.

Zur Belohnung für seine technischen Glanzleistungen wurde Peter im Alter von 13 Jahren zu Weihnachten ein Elektrobaukasten geschenkt. Doch wenig später ist Schluss mit Basteln, denn Peter bringt ein schlechtes Zeugnis nach Hause.

Mitte April 1954

Peter hat uns in diesem Jahr mit seinem Zeugnis viel Kummer bereitet. Obwohl er zweifellos intelligent ist, fehlt es ihm an Konzentration, um täglich mehrere Stunden intensiv zu arbeiten und seine Gedanken zu sammeln. Ist das nicht eine Folge der ständigen Betriebsamkeit, die auch schon unsere Kinder erfasst hat? Alle seine Tränen helfen nicht, wenn nicht ein eiserner Wille dahinter steht. Nun ist ihm das Radfahren verboten, sein (zu sehr) geliebtes Bastelzeug muss er wegräumen. Es geht nur noch eins: Lernen und nochmals lernen. Ob er es einsieht, dass er jetzt die Gestaltung seines ganzen späteren Lebens in der Hand hat?

Über diese Frage der Mutter lohnt es sich, einen Augenblick nachzudenken. Peter hätte die Frage mit „Ja" beantworten und weitermachen können wie bisher, nämlich basteln, mit Freude und Talent. Ob er mit oder ohne sein geliebtes Bastelzeug mehr oder besser gelernt hätte, weiß man nicht. Wenn er aber in einem späteren Beruf, z. B. als Elektroingenieur, das gemacht hätte, was er ohnehin gerne machte, hätte das sein Leben sicher bereichert. Peter ist stattdessen Arzt geworden, Gynäkologe und Geburtshelfer. Diesen Beruf übte er gerne aus und doch verstellte ihm die Mutter vielleicht eine andere Berufsoption.

Woher wusste die Mutter, dass ihr Ältester „zweifellos intelligent" ist? (Wobei ich die Intelligenz des älteren Bruders keinesfalls anzweifeln will, ich frage mich nur, woher sie ihre Gewissheit hatte.) Wie so oft sind die

Kinder die Erfüllungsgehilfen der Wünsche der Eltern. Die Eltern, vor allem der Vater, wünschten sich schulische Leistungen, die nach Noten bewertet werden. Peters Leistung, die die Mutter anschaulich beschreibt, dass er z. B. Telefone verlegt und Lampen repariert, zählt nicht, gehört in die Kategorie „Hobby", weil sie nicht benotet werden konnte. Über Peters Reaktion auf die elterlichen Maßnahmen zur Erhöhung der schulischen Leistungsbereitschaft schwieg sich die Mutter aus, wahrscheinlich hat ihr Ältester die Maßnahmen nolens volens hingenommen. Bei ihrem gerade neunjährigen Michael sah das ganz anders aus.

Mitte Juli 1953

Vergangene Woche war Elternabend der Klasse Michaels. Mir ist eine Eröffnung des Lehrers S. in die Glieder gefahren, dass nämlich Michael seit Wochen ohne Hausaufgaben in die Schule kommt und dabei die unglaublichsten Entschuldigungen vorbringt, dass er dringend mit dem Vati hätte wegfahren müssen, oder etwa den Stephan verwahren oder der Mutter hätte helfen müssen. Am nächsten Morgen, noch vor dem Schulweg, bekam er vom Vati eine ordentliche Prügelstrafe. Sein Geburtstag am 8. Juli fiel natürlich aus. Nun hat er gestern dem Lehrer M. nebenan die Bohnenstangen durchgesägt, unterhalb von P.s Hühnerstall ein Feuer angezündet, so dass, wenn Herr P. nicht mit Eimern Wasser schnellstens gelöscht hätte, der ganze Hühnerstall mitsamt den Hühnern verbrannt wäre. Noch nicht genug damit, ist er beim Nachsitzen in der Schule heimlich durchs Fenster entwichen. Heute hat er dem Lehrer M. ein Gesicht geschnitten, so dass auch bei mir, bei allem Verständnis für Bubenstreiche, das Maß überlief. Ich nahm ihn mit mir in den Keller, um ihn regelrecht zu versohlen, als er mir auf der Treppe sagte: „Wat, kriege ich se denn schon wieder? Ich hab se doch schon einmal „gekriegt" die Woche. [...]"

Es klingelt mittags gegen 1 Uhr. Lehrer S. wünscht mich zu sprechen. „Der Michael schreibt in der Schule den größten Blödsinn; er macht einfach nicht ernsthaft mit. Bitte:" Dabei zeigte er mir

Michaels Heft mit dem Satz: „Die reifen Jungens verhaut der Lehrer." Ich lasse Michael rufen und frage ihn, was der Satz zu bedeuten habe. Michael wendet sich seinem Lehrer zu und erklärt treuherzig: „Ja, Ja, Sie sagen doch oft: warte nur, bald bist du reif!"...

Geprügelte Kinder neigen als Erwachsene eher dazu, zu prügeln, als Kinder, die nicht geprügelt wurden.[1] Die Erfahrung der „Prügeltradition" wird von Michael eindrucksvoll bestätigt. Er ist gerade sechs Jahre alt, die Mutter schreibt:

Juni 1949

Die Beeren sind reif. Ich darf mir wieder bei der Familie L. in Welpe Johannis- und Stachelbeeren holen. Michael geht mit. Die 20-jährige Annelotte steht vor dem Hause, und Michael schaut sie lange überlegend an. Dann meint er zu mir gewendet: „Mutti, wenn ich groß bin, werde ich auch so eine Tante?" „Aber Michael, du bist doch ein Junge und also wirst du einmal ein Mann, wenn du groß bist." „So ein Mann wie Vati? Das ist aber fein, und Mädchen werden eine Mutti?" „Ganz recht", bestätigte ich ihm. Darauf sagte er begeistert: „Ein Glück, dass ich Vater werde, dann darf ich mit dem Riemen hauen, – Muttis hauen ja nur mit dem Kochlöffel."

Erstaunlich, mit welcher Nonchalance die Mutter über die Prügelstrafe schreibt, sie nimmt die Prügelerfahrung ihres Sohnes sogar mit Humor. Offenbar wurde weder vom Vater noch von der Mutter Prügel als Erziehungsmittel in Zweifel gezogen. So wie nach Clausewitz der Krieg eine bloße Fortsetzung der Politik mit anderen Mitteln ist, so schien damals Prügel die bloße Fortsetzung der Erziehung mit anderen Mitteln zu sein. Wie war das möglich?

Man könnte annehmen, dass eine christlich-katholische, im Sinne der Nächstenliebe ausgeführte Erziehung körperliche Züchtigung ausschlösse. Immerhin heißt es in der Bergpredigt: „Ich aber sage euch: [...] wenn dich einer auf die rechte Wange schlägt, halte ihm auch die andere hin!"[2]

Doch die Friedfertigkeit gilt hier für den Geschlagenen, nicht für den Schlagenden. Ebenfalls in der Bergpredigt bekräftigt Jesus die Gültigkeit des Alten Testaments. Im Alten Testament findet ein katholischer Erzieher reichlich Ermunterung zu körperlicher Züchtigung (von Söhnen):

„Wer die Rute spart, hasst seinen Sohn, wer ihn liebt, nimmt ihn früh in Zucht."

„Erspar dem Knaben die Züchtigung nicht; wenn du ihn schlägst mit dem Stock, wird er nicht sterben."[3]

„Züchtige deinen Sohn, so wird er dir Ruhe verschaffen und deinem Herzen Freude machen."[4]

„Wenn ein Mann einen störrischen und widerspenstigen Sohn hat, der nicht auf die Stimme seines Vaters und seiner Mutter hört, und wenn sie ihn züchtigen und er trotzdem nicht auf sie hört, dann sollen Vater und Mutter ihn packen, vor die Ältesten der Stadt und die Torversammlung des Ortes führen und zu den Ältesten der Stadt sagen: Unser Sohn hier ist störrisch und widerspenstig, er hört nicht auf unsere Stimme, er ist ein Verschwender und Trinker. Dann sollen alle Männer der Stadt ihn steinigen und er soll sterben. Du sollst das Böse aus deiner Mitte wegschaffen."[5]

Das Alte Testament ist nicht zimperlich, wenn es um körperliche Züchtigung geht, und in besonders schweren Fällen wird auch der Tod des Gezüchtigten in Kauf genommen. Harte Erziehungsmaßnahmen, wenn auch nicht gerade mit Todesfolgen, wurden von großen Kirchenlehrern, so auch von Martin Luther, gutgeheißen. „Die Eltern haben mich hart gehalten, dass ich darüber gar schüchtern wurde. Die Mutter schlägt mich einmal um einer Nuss willen, dass das Blut herausfloss. Aber sie meinten's herzlich gut."[6]

Dass Martin Luther den katholischen Eltern ein Vorbild war, ist wenig wahrscheinlich. Dann eher die Bibel. Doch war es wirklich die Bibel, mit der die Eltern die Prügel der Kinder rechtfertigten? Gab es andere Beweggründe? Wie wirkte sich der Zeitgeist auf die Erziehung der Kinder aus? Was die Behandlung der Säuglinge anging, wurden die Ratschläge von Johanna Haarer von der Mutter nahezu eins zu eins umgesetzt. Doch Johanna Haarer belässt es nicht bei der Anleitung zur Behandlung und Erziehung des Säuglings, sie gibt auch Ratschläge für die Erziehung älterer

Kinder. „Manchmal verfängt eben nichts anderes mehr als eine ‚fühlbare‘ Strafe und aus dem abschreckenden kleinen Klaps werden ein paar nachdrücklichere Schläge. Es ist in der jüngst vergangenen Zeit viel davon die Rede gewesen, welch unauslöschlichen seelischen Schaden man dem Kinde dadurch zufüge. Wir teilen diese Ansicht nicht!"[7] In „Mein Kampf" äußert sich Adolph Hitler zu den Zielen der nationalsozialistischen Erziehung: „Ich will keine intellektuelle Jugend, aber Beherrschung müssen sie lernen. Sie sollen mir in den schwierigsten Proben die Todesfurcht besiegen lernen […] Das ist die Stufe der heroischen Jugend. Aus ihr wächst die Stufe des Freien, des Menschen, der Maß und Mitte der Welt ist, des schaffenden Menschen, des Gottmenschen."[8] Das Zitat Hitlers beinhaltet alles, was die Eltern ablehnten: Heldentum, der Mensch als Mitte der Welt, Gottmensch. Dass dieses nationalsozialistische Erziehungsideal auf die Eltern abgefärbt hat, kann mit ziemlicher Sicherheit ausgeschlossen werden. Doch was war es dann, das ihnen Prügel als probates Erziehungsmittel erscheinen ließ? Am ehesten wohl die unreflektierte Übernahme von allgemein akzeptierten, „üblichen" Erziehungsmethoden.

1968 erschien im Kölner Stadtanzeiger ein Artikel mit der Überschrift: „Westdeutschlands Eltern werden angeklagt von ihren eigenen Kindern." Es wurde über eine Umfrage der Aktion Jugendschutz berichtet, die 1.780 Jugendliche gebeten hatte, einen Aufsatz zu schreiben. Thema: Wenn ich mein Vater/meine Mutter wäre […]" Das niederschmetternde Ergebnis: Die (West)Deutschen sind zu einem großen Teil ein Volk prügelnder Eltern. „Ob in Villen oder Wohnblocks, in Nissenhütten oder Reihenhäusern: Bis heute halten 85 % aller westdeutschen Eltern die Prügelstrafe für eine angemessene Erziehungsmethode. Nur zwei Prozent aller Eltern schlagen die Kinder nie."[9]

Nun hatte der Staat bis 1958 gegen Prügel seitens des Vaters nichts einzuwenden. In dem seit 1896 geltenden § 1632, Abs. 2 des BGB hieß es bis zu diesem Jahr: „Der Vater kann kraft des Erziehungsrechts angemessene Zuchtmittel gegen das Kind anwenden." Angemessene Zuchtmittel, da war Prügel mit dabei.

Im Jahr 1958 wurde § 1632, Abs, 2 BGB wie folgt revidiert: „Die Sorge für die Person des Kindes umfasst das Recht und die Pflicht, das

Kind zu erziehen, zu beaufsichtigen und seinen Aufenthalt zu bestimmen." In ihrem Buch „Die geprügelte Generation" zitiert Ingrid Müller-Münch einen Kommentar der Juristin und Kinderrechtsexpertin Lore Maria Peschel-Gutzeit zu den Beweggründen, die seinerzeit zur Neufassung des Paragrafen geführt haben: „Diese Gesetzesänderung erfolgte jedoch nicht etwa, um Kinder vor der Gewalt des Vaters zu beschützen. Vielmehr stellte das alleinige väterliche Züchtigungsrecht einen Verstoß gegen den Gleichberechtigungsgrundsatz von Mann und Frau in Art. 3 Grundgesetz dar. Und der Ehefrau und Mutter mochte der Gesetzgeber dann doch kein eigenes Züchtigungsrecht einräumen. Denn ihm, dem Patriarchen der Familie, schrieb das Gesetz bis dahin eine Art ‚Alleinherrschaft' zu. Diese erstreckte sich nicht nur auf die Kinder, sondern auch auf die Ehefrau."[10]

Seit dem Jahr 2000 ist die Prügelstrafe verboten. In § 1631, Abs. 2 BGB, heißt es seitdem: „Kinder haben ein Recht auf gewaltfreie Erziehung. Körperliche Bestrafungen, seelische Verletzungen und andere entwürdigende Maßnahmen sind unzulässig." Aufgemerkt: Erst seit dem Jahr 2000 ist es gesetzlich verboten, Kinder zu prügeln.

Johanna Haarer teilte die Ansicht nicht, dass „nachdrückliche Schläge" dem Kind „unauslöschlichen seelischen Schaden" zufügen.[7] Viele Studien sprechen da eine andere Sprache, so z. B. die Unicef-Studie über Gewalt gegen Kinder aus dem Jahr 2009. Kinder mit Gewalterfahrung neigen später zu Risikoverhalten wie Alkohol- und Drogenkonsum oder suchen frühzeitig sexuelle Beziehungen, sie fallen durch mangelnde Leistungen in der Schule auf.[1]

Bei Michael war Prügel kein geeignetes Erziehungsinstrument, im Gegenteil, er machte sich darüber lustig. Angesichts dieses Misserfolgs zog die Mutter ein anderes Erziehungsregister, sie strafte durch Entzug von Geburtstags- und Namenstagsfeiern.

November 1953

In der Nähe der neuen Schule steht eine Litfaßsäule, die an verschiedene Firmen zum Plakateaufkleben vermietet ist. An einer Stelle hat die Säule ein Loch, das zwar von einer Kölner Firma immer mit einem Plakat überklebt und somit unsichtbar ist, trotzdem aber jedes Mal mutwillig eingedrückt und dadurch die Wirkung der Reklame zunichte gemacht wird. Gleichermaßen ärgerlich für die Firma, die Stadt (die vermietet), und die Schule, die für diese Unholde verantwortlich gemacht wird. Strengste Kontrolle der Schulkinder hilft nichts. Schließlich bestellt die Firma einen Aufpasser, der tatsächlich eines guten Tages den Bösewicht in flagranti erwischt. Wer war es? Kein anderer als unser Michael (mit seinem Freund [...]).

Die Firma droht mit Anzeige, Aufruhr in der Schule. Herr Rektor H. lässt Michael als den Hauptübeltäter zu sich kommen, ruft in seiner Gegenwart die Polizei an, um vor ihm den vollen Ernst der Lage zu demonstrieren. Michael hört sich alles gleichmütig an. Am Abend nehme ich ihn ins Gebet und komme auch auf das Telefongespräch des Rektors mit der Polizei zu sprechen. „Tja, Mutti, dann muss der Rektor H. nächstens nicht den Stöpsel aus der Wand ziehen...“ – Also wusste der Schlingel genau, dass ihm keine Gefahr drohte, sondern der Rektor nur so tat als ob. –

Für die Schule kann Michael absolut keine Begeisterung aufbringen. Er hat im September wiederum tagelang keine Hausaufgaben gemacht und uns angelogen, er habe nichts auf. Sein Namenstag wurde daher genau wie auch der Geburtstag vollkommen übergangen. Wie weh es mir tat! Morgens ging ich mit ihm zur hl. Messe. Kein Wort vom Namenstag. Mittags am Tisch – kein Wort. Am Abend hatte er kleine Geschenke von Bekannten bekommen und zeigte sie mir beklommenen Herzens – wieder kein Wort meinerseits. Wie schwer ist es doch, in der Erziehung der Kinder konsequent zu sein. Man meint oft, nicht zu hart sein zu können, und doch muss es sein, besonders dann, wenn es um die Wahrheit geht.

Wenn es um die Wahrheit ging, kannte die Mutter kein Pardon. Das bekam ich auch, damals war ich sechs, zu spüren. Ich wurde mit Geburtstagsfeierentzug bestraft.

Auch Christoph hatte sich einige Unwahrheiten zu Schulden kommen lassen. Auch sein Geburtstag am 4. Oktober wurde absichtlich übergangen. Abends beim Abendgebet habe ich ein Reuegebet mit eingeflochten, bei dem Christoph plötzlich anfing, laut zu weinen. Dann fragte er mich: „Mutti warum ist es eigentlich so schlimm, wenn man lügt?" – Weil jede Sünde in sich eine Lüge, eine Unwahrheit birgt. Mit der Lüge verliert der Mensch vor sich selbst die Achtung, bei anderen jegliches Vertrauen. Die Lüge ist etwas Hässliches und gilt in unserer Familie als verabscheuenswürdig. Das möchte ich den Kindern immer wieder fest einprägen: was auch kommen mag: keine Lüge!

Die „Washington Post" zählte Lügen und Falschaussagen des US-Präsidenten Donald Trump. Sie kam auf 1.057 Falschaussagen in 214 Tagen.[11] Den Präsidenten störte das nicht, im Gegenteil. Er bezichtigte seinerseits seriöse Medien, Fake News zu verbreiten. In der Endphase des US-Wahlkampfes im Jahr 2016 wurden die 20 erfolgreichsten Falschmeldungen öfter geteilt, gelikt und kommentiert als die 20 erfolgreichsten Berichte seriöser Medien.[12] Auf diese Weise wird der Begriff der Wahrheit bis zur Inhaltsleere relativiert, und ab dann ist alles richtig oder alles falsch, je nach Wunsch des Informierten oder Informanden. Angesichts der „alternative facts" und der Verbreitung offensichtlicher Unwahrheiten in sozialen Netzen erscheint die Wahrheitsliebe der Mutter beinahe rührend. „Mit der Lüge verliert der Mensch [...] bei anderen jegliches Vertrauen." Die Mutter hat Recht. Wenn das Vertrauen abhandenkommt, dass das, was dein Gegenüber sagt oder schreibt, zutrifft, kann ein Gemeinwesen auf Dauer nicht funktionieren. Insofern seien die Grundsätze, die die Mutter mir mitgegeben hat, in Stein gemeißelt.

Die bisherigen Erziehungsmaßnahmen umfassten
A) Belohnung (selten)
B) Entzug von Spiel- und Bastelsachen
C) Prügel
D) Entzug von Festtagsfeiern

Daneben gab es noch eine weitere Strafmethode. Beim zarten „Stöffli", also bei mir, wurde im Alter von knapp drei Jahren ein zunehmender Bewegungsdrang registriert. Das rief nach Gegenmaßnahmen.

Mitte Juli 1950

Michael und Christoph sind im Kindergarten. Mit Begeisterung gehen sie alle Tage mit in der Reihe. Während Michael sich gut einfügt, ist der Christoph mit seinen drei Jahren ein Unrast. Dabei kann man ihm nicht böse sein, weil er solch ein sonniges und niemals trotziges Kind ist. Sein strahlendes Lachen nimmt mir den Wind aus den Segeln, wenn ich mit ihm ernsthaft böse sein will.

Doch der Bewegungsdrang ließ nicht nach. Da kam man mit Nachsicht nicht weiter, zumindest nicht im Kindergarten.

Mitte Juli 1950

Christoph: ein Wirbelwind im Kindergarten; wurde zeitweilig an seinem Stühlchen festgebunden.

Ein Eintrag ohne weiteren Kommentar. Im Alter von knapp drei Jahren wurde ich im Kindergarten an einem Stuhl fixiert. Fixierung als weitere pädagogische Maßnahme, zwar nicht von den Eltern ausgeführt, aber doch von der Mutter notiert, ohne die Erwähnung einer Beschwerde, geschweige denn einer Gegenmaßnahme. Mein Vergehen: Ich war ein Wirbelwind.

Zur Fixierung von Kindern gab Johanna Haarer in ihrem erfolgreichen „Ratgeber" einige praktische Ratschläge:

„Man ‚fesselt' das Kind nur soweit, dass es sich aus dem Stehen noch niedersetzen kann. […] Vielfach wird der Haltegurt auch dazu verwendet, ein lebhaftes Kind vor dem Einschlafen in seinem Bettchen zum Stillliegen zu zwingen. Die Mutter muss wissen, dass dann dem Kinde eine sehr schwere Gefahr droht, wenn der Haltegurt unrichtig angewendet wird: das Kind kann sich selbst erwürgen. Derartige Unglücksfälle sind vorgekommen. Um sie zu vermeiden muss folgendes beachtet werden: die

Haltebänder dürfen nicht zu hoch an Bett oder Wagen befestigt werden, sonst bilden sich Schlingen, an denen das Kind sich erhängen kann. Der Haltegurt darf niemals nur an einer Seite befestigt werden, sonst kann er sich beim Herumwälzen um den Hals des Kindes legen. – Wird das Kind im Haltegurt alleingelassen, so müssen die Befestigungsbänder so kurz angelegt sein, dass Schlingenbildung unmöglich ist."[13]

Man merke: Fesseln, aber richtig. Zur „Ehrenrettung" sei angemerkt: Die Autorin setzte „fesseln" in Anführungszeichen.

Heutzutage sollte man sich überlegen, ob man Kinder fesselt. § 239 Strafgesetzbuch: „Wer einen Menschen einsperrt oder auf andere Weise der Freiheit beraubt, wird mit Freiheitsstrafe bis zu fünf Jahren oder mit Geldstrafe bestraft."

Was auffällt: Die Kinder wurden immer wieder weggegeben. Der vierjährige Peter verbrachte ein halbes Jahr bei den Großeltern auf dem großväterlichen Hof, auf dem Land gab es noch genug zu essen. Im Alter von sechs Monaten lag ich sechs Wochen im Krankenhaus, ohne die Mutter, die ihre beiden älteren Söhne zu versorgen hatte. Mit gerade einem Jahr lag ich wieder im Krankenhaus, auch diesmal ohne Mutter. Peter hatte Probleme mit den Stimmbändern, er wurde mehrfach operiert und lag in diversen Krankenhäusern. Auch auf dem großväterlichen Hof in Morsbach wurden die Kinder immer wieder „geparkt". Man sollte nicht vergessen: Die Mutter verbrachte die ersten sechs Lebensjahre bei ihren Großeltern, für sie war die Bindung an ihr Elternhaus lockerer als üblich. Vielleicht hat sie diese Erfahrung auf ihre Kinder übertragen.

Wie die Kinder auf die Aufenthalte außerhalb des Elternhauses reagierten, schreibt die Mutter nicht, sie konnte es wahrscheinlich nicht wissen. Nur einmal waren auch für sie die Folgen evident. Die Kinder wurden 1952 für fünf Wochen zu einem „Ferienaufenthalt" in den Nordschwarzwald verschickt, nach Bad Rippoldsau. Die Mutter hoffte auf „gute Erholung". Für die Eltern traf das wohl zu, sie nutzten die Abwesenheit der Kinder für einen Aufenthalt in der Hütte, wo ihre „Lachmuskeln kaum zur Ruhe gekommen" sind. Als die Kinder dann nach dem „Erholungsurlaub" in Köln auf dem Bahnhof abgeholt wurden, schienen die Großen in der Tat erholt. Ich aber wirkte verstört.

Während die beiden Großen sich gut erholt hatten, sah mein kleiner Christoph gar nicht gut aus. Er war auch krank gewesen in Rippoldsau und machte einen ganz veränderten Eindruck. Ich glaube, dem kleinen Kerl hat es ganz einfach an Liebe gefehlt. Er ist ein besonders zart besaitetes Kind und besitzt nichts von der Vitalität des Michael und Peter. Christoph ist ein rechtes Sonnenkind, immer fröhlich, immer strahlend, ganz ausgeglichen und mit sich und der Welt zufrieden. Nun hat seine stille kleine Welt in den letzten Wochen sich nicht entfalten können, ist vielleicht gar in dem Gewühl der Menge zertreten worden. Ich mache mir Vorwürfe, dass ich ihn habe mitfahren lassen; er war noch zu klein mit seinen 4 ½ Jahren.

Ich wurde im Säuglings- und Kleinkindalter wiederholt aus meiner gewohnten Umgebung gerissen. Die Folgen, die das für einen Menschen hat, sind schwer zu objektivieren, weil sich die Situationen, die Charaktere, die Zeiten der Isolation und vieles andere unterscheiden. Glücklicherweise gibt es keine prospektiven, randomisierten Doppelblindstudien zur sozialen Deprivation von Menschen im Säuglings- und Kleinkindalter. Es wurde jedoch eine Studie durchgeführt, die sogenannten Harlow-Versuche, die sich den Folgen der sozialen Deprivation an Rhesusaffen widmet.

„In den Versuchen bot man isoliert aufgezogenen Rhesusaffenjungen eine Drahtattrappe mit Milchflasche und eine weiche Stoffattrappe zur Wahl. Die Jungtiere klammerten sich stets an die kuschelige Attrappe und suchten nur die Drahtattrappe zum Trinken auf, wobei sie möglichst versuchten, Kontakt zur Stoffattrappe zu halten. Auch bei Erkundungsversuchen, die aufgrund der Deprivation der Tiere und der gesteigerten Ängstlichkeit nur zögerlich auftraten, versuchen Sie, zunächst Kontakt mit der weichen Attrappe zu halten. Bei furchteinflößenden Reizen flüchteten die Jungen zur Stoffattrappe; waren sie nur mit einer Drahtattrappe aufgewachsen, erstarrten sie und umklammerten sich selbst. Entsprechend der Variation der Isolationsversuche stellten sich unterschiedlich schwere

Verhaltensstörungen ein, abhängig von der Dauer und dem Alter bei Beginn der Isolation, ob keinerlei Stoffattrappen zum Anklammern vorhanden waren oder gegebenenfalls andere Jungtiere einen Teil der sozialen Bedürfnisse abdeckten. Diese Rhesusaffenjungen, die ansonsten ohne Mütter aufwuchsen, zeigten stets ähnliche Verhaltensauffälligkeiten wie gänzlich isoliert oder teilweise isoliert aufgezogene. Schwere Störungen und Schäden durchzogen den gesamten Entwicklungsverlauf der Tiere [...]"[14] Mein Glück: Ich bin kein Rhesusaffe.

Was man der Mutter zugutehalten muss: Nachdem ich aus Bad Rippoldsau verstört zurückgekommen war, fuhr sie mit mir in ein Kloster der Borromäerinnen in Grafschaft. Grafschaft ist heute ein Ortsteil von Schmallenberg, einer Gemeinde im Hochsauerland, am Fuße des Rothaargebirges. Die Eltern liebten die Abgeschiedenheit des Klosters, in dem sie Ruhe suchten und gelegentlich auch fanden.

Oktober 1952

Nun müssen wir ihm besonders viel Liebe geben, damit er wieder sein seelisches Gleichgewicht zurück erhält. Ich bin mit ihm für zwei Wochen nach Grafschaft gefahren, um ihn seelisch „zurückzugewinnen", ihn zu verwöhnen und sein Herz die ganze mütterliche Geborgenheit spüren zu lassen.

ANMERKUNGEN

1. Unicef, *A Report Card on Child Protection. „Schläge, die niemand sieht".* UN-Studie zu Gewalt gegen Kinder, vorgestellt in Deutschland von Unicef am 3. November 2006, in: Progress for Children September 2009
2. Matthäus 5, 38-39. 2016. at https://www.bibleserver.com/text/EU/Matthäus5%2C38-39 (aufgerufen am 6. Juli 2019)
3. Sprüche 13, 24. 2016. at https://www.bibleserver.com/text/EU/Sprüche13%2C24 (aufgerufen am 6. Juli 2019)
4. Sprüche 29, 17. 2016. at https://www.bibleserver.com/text/EU/Sprüche29%2C18 (aufgerufen am 6. Juli 2019)

5. 5. Mose 21, 18-21. 2016. at https://www.bibleserver.com/text/EU/5. Mose21%2C18-21 (aufgerufen am 6. Juli 2019)

6. Ingrid Müller-Münch, *Die geprügelte Generation. Kochlöffel, Rohrstock und die Folgen*. Stuttgart, Klett-Cotta 2012, S. 62

7. Johanna Haarer, *Unsere kleinen Kinder*. München, Berlin, J. F. Lehmanns Verlag 1943, S. 194

8. Ingrid Müller-Münch, *Die geprügelte Generation. Kochlöffel, Rohrstock und die Folgen*. Stuttgart, Klett-Cotta 2012, S. 81

9. *Todesurteil für Eltern? – Angst im Kinderzimmer. Sie prügeln ihre Kinder dumm: Erziehungsmethoden in Deutschland*. Kölner Stadt-Anzeiger 3. 2. 1968.

10. Lore Maria Peschel-Gutzeit, zit. in Ingrid Müller-Münch, *Die geprügelte Generation. Kochlöffel, Rohrstock und die Folgen*. Stuttgart, Klett-Cotta 2012, S. 263

11. *1.057 Falschaussagen und Lügen – das ist Trumps Bilanz*. Zeit online 23. August 2017. at https://blog.zeit.de/teilchen/2017/08/23/prae-sidentschaft-donald-trump-luegen/ (aufgerufen am 6. Juli 2019).)

12. *This Analysis Shows How Viral Fake Election News Stories Outperformed Real News On Facebook*. 16. November 2016. at https://www.buzzfeednews.com/article/craigsilverman/viral-fake-election-news-outperformed-real-news-on-facebook#.xf2XNnkd1 (aufgerufen am 6. Juli 2019).)

13. Johanna Haarer, *Die deutsche Mutter und ihr erstes Kind*. München, Berlin, F.F. Lehmanns Verlag 1940, S. 263

14. *Harlow Versuche*. Spektrum.de 1999. at https://www.spektrum.de/lexikon/biologie/harlow-versuche/30689 (aufgerufen am 6. Juli 2019)

Stephan (1952–1955)

„Wir sind ungerecht, wenn wir uns so sehr in den Dies-
seitsgedanken verlieren, und darum ist auch unser Leid
schier unüberwindlich.“

Brief der Mutter an ihren Mann vom 19. Oktober 1955

12. April 1952

Ganz plötzlich ist es Frühling geworden. Ich darf schon wieder
aufstehen und im Sitzen meinen goldigen kleinen Burschen stillen,
der uns am Palmsonntag, den 6. April, geschenkt wurde. Der 4.
Junge. 9 ¼ Pfd. wog er und ist 56 cm lang, also doch <u>ein</u> Riesenkind.
[Die Ärzte hatten Zwillinge erwartet. C. W.] In der Osternacht wird
ihm die Ehre der Taufe in der Auferstehungsmesse zuteil: Stephan
soll er heißen. Der Name passt gut zu denen der anderen Buben:

Peter = der Fels Christi
Michael = der Streiter Christi
Christoph = der Christusträger
Stephan = der erste Märtyrer für Christus.

Es sind verpflichtende Namen; Möge Gott mir die Kraft geben,
meine Söhne so zu erziehen, dass sie ihrem Namen und Na-
menspatron Ehre machen.

Der Arzt wollte nicht, dass ich im Krankenhaus so viel Besuch
empfange. Trotzdem verstanden es die Kinder, sich heimlich in

mein Zimmer zu schleichen, um von der Mutti ein Küsschen oder gar den Anblick des kleinen Prinzen zu ergattern. So stand plötzlich auch Michael im Zimmer, gerade, als ich dem Kleinsten zu trinken gab. „Mutti, darf ich das Brüderchen denn nicht einmal anfassen?" „Aber Mika, schau dir nur mal deine dreckigen Hände an und sieh <u>die</u> feinen Händchen des Brüderchens." „Ja, der ist ja auch noch neu."

Ostern 1952

Zur mitternächtlichen Stunde wurde der kleine Heide in die Kirche getragen, die 3 „großen Brüder", Peter als Messdiener, mit dabei. Welch' schönes Erlebnis für die ganze kleine Taufgesellschaft! Tauftag ist Geburtstag im Hause der Gotteskinder. Mit heißem Herzen war ich dabei, sehnsuchtsvoll erwartete ich die Rückkehr meines kleinen Sohnes. Dann traten die Großen an mein Bett, Peter, Michael, Christoph: Jeder wusste ein sinnvolles Gedichtchen zu sagen, und allen leuchtete die Freude aus den Augen.

> Der Liebe und des Segens Unterpfand
> Legt Gottes Güte heut' in unsere Hand:
> Das fünfte in der Reih' – ein prächtig' Brüderlein.
> Wer wollte sich da nicht von Herzen mit uns freuen.

Im Mai 1952

Unser Steffeli ist schon sechs Wochen alt. Die arme Mutti aber liegt immer noch im Bett, an einer bösen Venenentzündung erkrankt. [...] Unser Kleinster ist ein Mordsbursche, nimmt prächtig zu, – genauso wie die Mutter. Wenn ich gelegentlich mal aufstehe, passen mir nur noch die Umstandskleider. Um reichlich Milch für meinen anspruchsvollen jüngsten Sohn zu haben, esse ich in rauhen Mengen alle guten Sachen; leider profitiere auch ich in weniger wünschenswerter Form davon. Aber für das gute Gedeihen des Kindes lasse ich mich gern aus der „Form" bringen.

Voll ehrfürchtigen Staunens stehen die beiden Größeren dabei, wenn ich unseren Kleinsten stille. Ganz zaghaft fragen Sie: „Mutti, darf ich auch mal trinken bei dir?" Selbstverständlich durften sie. Ganz behutsam, als fürchteten sie etwas zu zerstören, kuschelten sie sich an mich. – Ich bin glücklich, dass die Kinder keiner „Aufklärung" bedürfen, sondern in ganz selbstverständlicher, natürlicher Weise am Werden eines neuen Menschen Anteil nehmen.

Ende Juli 1952

Seit einigen Wochen versorge ich unseren Jüngsten selbst. [...] Er steht schön ruhig im Garten und hat schon eine prächtige gesunde Farbe. Sein Gewicht ist bereits auf 15 Pfd. geklettert, fast ein wenig zu viel.

Februar 1953

Unser Stephan, der jüngste des Glücks-Buben-Kleeblatts, ist nun schon zehn Monate alt, ein goldiger Bursche, ein Wonnekloß [...]. Er ist voll unbändiger Lebenskraft. Sein Laufställchen hat er schon oft in viele Stücke zerlegt, er rüttelt so lange an den Gitterstäben, bis sie nachgeben. Sein Jauchzen und Krähen erfüllt das ganze Haus. Er ist vollkommen unkompliziert im Essen und gedeiht prächtig. Er wiegt fast 22 Pfd. Mit seinen blauen Augen und dicken roten Backen nannte ihn die Ärztin kürzlich ein wahres Reklamekind. Welche Mutter wäre nicht glücklich und – von Herzen dankbar für solch ein richtiges Gottesgeschenk.

Juni 1953

Steffeli kann laufen. Er „watschelt" bereits durch den Garten, ein köstliches Bild. Ein kugelrundes Etwas, immer lachend und strahlend. Schon formt er die ersten Wörtchen. Wir sind glücklich und dankbar für dieses gesunde, ausnehmend prächtige Kind.

Unser Stephan ist im „schlimmsten" Alter. Man kann ihn keine Minute unbeobachtet lassen. Er klettert auf Tische und Stühle und Fensterbänke, er reißt alles herunter, zieht die Schlüssel ab, räumt die Schränke aus und wenn er die Haustür offen sieht, ist er wie der Blitz um die nächste Ecke verschwunden. [...] In einem unbeobachteten Augenblick ist er gestern ins Herrenzimmer, seinen Lieblingsort, gelangt. Als ich ihn dort fand, war das Unglück bereits geschehen: – Er thronte hoch auf dem Schreibtisch, den Telefonhörer in der Hand und sein Gesicht – ein wahres Tintenmännchen! Nicht nur er selbst, die Akten, die Schreibmappe, der Tisch, der Teppich – eine Tintenschmiererei. Einen Teil hatte er auch ausgetrunken, denn sein Mund war bis in den Rachen hinein blau von Tinte. Nie werde ich diesen Augenblick vergessen. Für die nächste Stunde hatte ich jedenfalls Beschäftigung, aber nur einen Teil der Flecken konnte ich wegbringen, trotz Milch und Wasser und Möbeltinktur und acht Zitronen.

Ein treffendes Beispiel seiner unglaublichen Vitalität erlebte ich vor einigen Tagen. Er glaubte sich im Wohnzimmer allein, stand vor dem Klavier und konnte mit seinen dicken Fingerchen gerade die Tasten erreichen. Schließlich kletterte er auf einen Stuhl, um dann mit flachen Händen die Tasten zu bearbeiten. Schließlich haute er mit den Fäustchen, dass es mir buchstäblich weh tat. Dann einen Augenblick Ruhe – und dann mit den Ellenbogen. Dabei jauchzte er ob des ohrenbetäubenden Lärms, für den alle Kinder eine besondere Vorliebe zu haben scheinen. Wieder hörte er plötzlich auf – um sich dann auf den Stuhl zu stellen, umzudrehen und mit dem Po auf und nieder die armen Tasten zu bearbeiten. Da reichte es mir aber. Er jedoch strahlte mich an und war sichtlich stolz auf seine musikalischen Leistungen.

Stephan starb am 9. August 1955. Er saß auf einem Metalltöpfchen und griff in eine ungesicherte Verlängerungsschnur, erhielt einen Stromschlag und fiel vom Töpfchen. Ich war sieben Jahre alt und war mit Stephan alleine im

Zimmer, unsere Eltern waren verreist, wir waren mit dem Kindermädchen zusammen im Haus. Wo meine Brüder waren, weiß ich nicht. Die Tage nach dem Unglück verbrachte ich bei Freunden der Eltern, so weiß ich auch nichts über die unmittelbare Reaktion der Eltern, ich erinnere mich nicht an das Begräbnis, wahrscheinlich war ich nicht dabei. Als ich bei den Freunden der Eltern die Nachricht von Stephans Tod erhielt, habe ich mich hinter einem Sessel versteckt und geweint. Daran erinnere ich mich.

Der Vater hat unter dem Tod von Stephan extrem gelitten. Ich denke nicht, dass er je darüber hinweggekommen ist.

Die ersten Tagebücher der Mutter sind von November 1944 bis Juli 1954 datiert. Danach hat sie kein Tagebuch mehr geschrieben, bis 1992. In ihrem Nachlass war ein Brief des Vaters an sie und uns Kinder, sie hatte ihn aufbewahrt. Der Brief ist vom 17. Oktober 1955, der Vater hat ihn mit schwarzer Tinte geschrieben, mit blauem Kuli hat die Mutter auf der ersten Seite hinzugefügt: „Stephans Tod 9.8.55".

Der Vater war auf einer Tagung in Bad Meinberg. Von dort schrieb er den Brief.

Ihr Lieben alle! Mein liebes Finele!

Montagabend, 9:00 Uhr. – Ich verzichte auf die heutige Abendvorstellung, um Euch, insbesondere Dir, mein Herz, zu schreiben. Wenn ich auch voller Sehnsucht und Heimweh nach Euch bin, wenn auch die Ferne vom Friedhof, den Gräbern unserer Kleinen schmerzt, wenn ich auch Sorge habe um Dich und Deine Einsamkeit, dann war es doch richtig, nach hier zu fahren. Die Hochschulwochen bedeuten wirklich eine geistige Auffrischung, gerade nach der Verwirrung der letzten Monate, dass ich dankbar bin, hier sein zu können. Man gewinnt Abstand, sieht mal wieder die großen Zusammenhänge und kommt dadurch, so hoffe ich, wieder zur Ruhe. Ich verspreche Dir, alles zu tun, um innerlich und äußerlich zu gesunden. Tust du das auch? Wie geht es Dir? Fühlst du Dich gesund? Ist das Mädi auch gewachsen? Rührt es sich fleißig?

Welcher Schmerz hat sich Dir nun schon in unserem gemeinsamen Leben auf Leib und Seele gelegt! Und wie glücklich wollte ich Dich machen, als wir die Hände ineinander legten. Trotz allem Schmerz ist aber auch noch Glück geblieben! Dass wir uns haben, dass wir noch drei Buben besitzen und dass du noch ein kleines Seelchen unter Deinem Herzen trägst! Wenn es glücklich zur Welt kommt und gesund ist, Du bald wieder kräftig und gesund wirst; ob wir dann mal wieder lachen können? Gott gebe es! – Es lohnt sich, dafür die Hände zu falten.

In den zurückliegenden Wochen habe ich mich unwürdig benommen und Dir damit das Herz, das so bis zum Rand gefüllt war, noch schwerer gemacht. Dabei wäre meine erste Aufgabe gewesen, Dich zu trösten. Es war Schwäche von mir, die du mir verzeihen willst. Du hattest es ja noch viel schwerer. Ein Kind, das stirbt, kehrt in den Leib der Mutter zurück, so muss es wohl sein. Ich will es, so grausam das Schicksal für mich war und noch ist, vielleicht mein restliches Leben bleiben wird, Dir künftig nicht noch schwerer machen [mit rotem Buntstift unterstrichen, zwei rote Ausrufezeichen am Rand. C. W.]. Wie schwer ist es wohl gestern, Sonntag, gewesen, als Du ohne mich warst und allein an die Gräber gehen musstest! Noch einen Sonntag bist du allein; dann bin ich wieder zu Hause.

Nun noch ein Wort an meine lebenden Burschen! – Peter, Michael und Christoph! Trampelt mir der Mutti nicht auf dem Herzen. Ihr wisst, wie Ihr Mama Freude bereitet. Beachtet dies als Eure tägliche Aufgabe, in den kleinen und den großen Dingen des Alltags. Erfüllt so unser Haus, das noch voller Trauer und Schmerz ist, mit Freude, indem ihr Eure Pflichten erfüllt. Bereitet Mutti keinen Schmerz! – Lieber Peter! Sieh' nicht in erster Linie Dich, sondern das verpflichtende „Du" deinen Brüdern gegenüber. – Lieber Michael! Verbinde mit Deiner sonst so prächtigen Art Eifer und Fleiß in der Schule und zu Hause! – Lieber Christoph! Du bist jetzt der Jüngste! Du weißt, warum Stephan ein so liebes Kerlchen war. Sei so lieb, wie er gewesen!–

Nun „Gute Nacht", mein Finele, mein Herz, Du! Bleibt alle gesund! Ich freue mich wieder auf zu Hause!

Liebe Grüße an [N.N.], die sicherlich gut für Dich, liebes Finele, sorgen!

Einen herzlichen Kuss Dir und dem Kleinen unter Deinem Herzen! Dein Will

In ihrem Buch „Unser Kind ist tot" schreibt die Autorin Dona Kujacinski über den Schmerz der Eltern, die ein Kind verloren haben: „Die Dimension des Erlebten, des Schmerzes, sprengt jede Vorstellungskraft und lässt nicht nach, auch wenn sie [die Eltern] das immerzu hoffen."[1]

Kehren wir an den Anfang der Tagebuchaufzeichnungen zurück. Als Bärbel, Mutters kleine Tochter, gestorben war, versuchte sie unseren Vater zu trösten. „Denke und grüble nicht so viel, suche keine Schuld. Wir wollen sagen: Ja, Vater! Seine Gedanken sind nicht unsere Gedanken. Einmal werden wir erkennen, dass Gott auch im größten Schmerz noch Seine Güte offenbart. Er ist Vater, der uns liebt, wenn er nimmt und wenn er gibt. Vieles hat er uns genommen, aber hat er nicht viel, viel mehr noch gegeben?"

In ihrem Antwortbrief vom 19. Oktober 1955, nach dem Tod von Stephan, ist es nicht anders.

„Lieber Vati!

heute nun kam endlich Dein versprochener und von allen hier so sehnlichst erwarteter Brief. Besonders gestern war ich sehr enttäuscht, als die Post am Haus vorbei ging, dachte ich doch, du hättest am Sonntag bestimmt Zeit zum Schreiben gehabt. Aber nun ist es gut zu wissen, dass es Dir dort gut gefällt und unser beider Hoffnungen auf den Erfolg dieser beiden Wochen nicht enttäuscht werden. Es ist auch richtiger, dass ich nicht bei Dir bin, sonst würde es nämlich viel schwerer für Dich sein, abzuschalten und die Empfindungen des Herzens zurückzudrängen.

Das ist aber unbedingt einmal notwendig, um zunächst zu sich selbst und dann wieder in ein normales Leben zurückzufinden. Wir dürfen nicht immer nur unser eigenes Leid sondern die tatsächliche Bevorzugung sehen, die unser kleiner Stephan erfahren hat, indem er ganz ohne eigenes Verdienst so früh zur Seligkeit berufen wurde. Wir sind ungerecht, wenn wir uns so sehr in den Diesseitsgedanken verlieren, und darum ist auch unser Leid schier unüberwindlich. Wir müssen uns ebenfalls von der negativen Schau freizumachen versuchen, dass alles auf dieser Welt so vergänglich ist und auch wir in wenigen Jährchen, über eine kurze Weile, uns im anderen Leben wiederfinden. Zwar erfüllt mich im Augenblick dieser Gedanke ganz, aber auf die Dauer genügt er nicht zum Weiterleben: Das Leben besteht nicht aus dem Warten auf das Ende, nicht aus dem apathischen Sich-Abfinden mit allem. Wir dürfen jetzt nicht aus dem einen Extrem ins andere verfallen. Früher haben wir Gott und die Welt mit unseren Plänen zwingen wollen – und jetzt soll es sich nicht mehr lohnen, überhaupt noch das Leben zu gestalten? Außer dem Herrgott kannst nur Du mir helfen, d. h. wir uns gegenseitig, dass es wieder aufwärts geht. – [...]

Am vergangenen Sonntag war ich mit den Kindern allein. Wir waren morgens und nachmittags auf dem Friedhof und sind durch die Hardt spazieren gegangen. Alle Tageszeiten vergleichen wir mit Deinem vermutlichen Tun. Gehst Du auch wieder raus an die Luft? Kannst du nachts besser schlafen? Ich freue mich auf Dein Erzählen. Das ist auch für mich etwas Neues, nachdem ich hier, außer durch die Zeitung, mit der Außenwelt gar keine Berührung habe. Ich mag immer noch nicht in die Stadt gehen, mir graut vor Menschen und allem „Betrieb". In Köln ist man wenigstens unerkannt.

Du glaubst gar nicht, wie ich mich über Deinen Brief, Deinen so lieben Brief, gefreut habe. Ist es nicht auch ein Geschenk, dass wir uns überhaupt noch darüber freuen können: dass wir uns noch haben und nie mehr verlieren wollen? Eben habe ich den beiden Großen Deinen Brief vorlesen müssen, sie quälten mich darum. Ich habe mich zunächst gewehrt und gesagt, dass man „Liebesbriefe" doch nicht andern vorlesen könne. Aber vieles haben sie eben doch verstanden. Wie bei uns, so bleibt auch bei den Kindern der gute Wille vorherrschend, den wir sehr oft für die Tat nehmen müssen [...] Alle drei bringen sie mir aber eine große Liebe entgegen, umarmen und küssen mich. Der kleine Christoph aber schaut mir nur nach den Augen, ob keine Tränen darin sind. Nun basteln sie Fackeln für St. Martin, ich muss mich mitfreuen und sie bewundern, obwohl mir das Herz noch vor Schmerz blutet, wenn ich an den kleinen Stephan denke, wie er so martinsbegeistert war. –

Nun muss ich aber meinen Brief beenden. Es ist schon spät, und [das Kindermädchen, C. W.] soll ihn noch zur Post bringen. Ganz lieb grüße ich Dich mit unserem ganzen Hause. Erhole dich weiter gut, lieber Vati, wir sind ja immer mit unseren Gedanken bei Dir – und eben bei allen, die in unserer Gemeinschaft fehlen. Es ist doch etwas unbeschreiblich beglückendes, eine richtige, große Familie. Wir wollen immer die enge Verbindung zu unseren beiden Engelkindern aufrecht erhalten, denn auch sie gehören ja nach wie vor zu uns.

Ganz innig grüße und küsse ich Dich [ab hier handschriftlich weiter, C. W.] und wünsche dir noch frohe Tage der Erholung und inneren Sammlung. Mir geht es gut, sei ohne Sorge!

Einen „großen" Kuss und ein „klitzekleines" Küsschen!

Dein Finele

Der Vater war ein solider Kirchgänger, aber die Glaubensfestigkeit der Mutter hatte er nicht. Hinsichtlich seines Glaubens bemerkte er in den Jahren, in denen er mit einer Angina pectoris unter schweren Schmerzattacken litt, sinngemäß: „Wenn man am Ende des Lebens sagt, der Glaube sei nur eine Illusion gewesen, so war er doch eine schöne Illusion." Jedenfalls war der Glaube für den Vater kein Schild, der sein Herz schützen konnte.

Der Vater schrieb in seinem Brief aus Bad Meinberg, dass die Mutter schwanger war. Einige Monate nach dem Tod von Stephan hat sie das Kind verloren. Wir Kinder wussten damals davon nichts. Nach der Fehlgeburt muss es ihr sehr schlecht gegangen sein, sie konnte oder wollte ihr Zimmer lange Zeit nicht mehr verlassen. Der Vater bat unsere Cousine Doris, ins Haus zu kommen, um der Familie zu helfen.

Psychologische Hilfe haben die Eltern nie in Anspruch genommen. Wenn es ein solches Angebot gegeben hätte, wäre es wahrscheinlich nicht angenommen worden, zumindest nicht von der Mutter. Sie lehnte Psychotherapie ganz generell ab. Der Beweggrund dahinter war vielleicht Angst, Angst, dass an ihrem auf dem katholischen Glauben beruhenden Lebensgerüst gerüttelt werden könnte. Sie vertraute auf Gottes Hilfe.

ANMERKUNGEN

1. Dona Kujacinski, *Unser Kind ist tot*. Köln, Quadriga 2014, S. 139

Heymot (1992–2005)

„Die Erinnerung an meine Heimat ist so stark, dass sie mich zeitweise bestimmt. Ich komme nicht davon los! Und alle sind tot, nur ich als ‚alte Kuh' schwebe über allem!"

Notiz vom 13. September 2004 auf einem Kalenderblatt des Jahres

D as letzte Heft des Tagebuchs beginnt 1992. Auf der Innenseite des vorderen Deckels ist eine historische Abbildung der Stadt Attendorn eingeklebt, darüber die Überschrift, ebenfalls eingeklebt: „wie's früher war". Dann noch das Bild einer Kapelle mit der Überschrift: „Kapelle am Fusse d. hoh. Waldenberg b. Attendorn."

„Attendorn ist eine mittlere kreisangehörige Stadt in Nordrhein-Westfalen, Deutschland, mit etwa 25.000 Einwohnern. Sie liegt im Kreis Olpe im südlichen Sauerland."[1] Dieser dürre Wikipedia-Eintrag wird Attendorn nicht gerecht, nicht jedenfalls aus Sicht der Mutter. Seit dem 19. März 2012 darf Attendorn den offiziellen Zusatz „Hansestadt" führen. Für die Mutter war Attendorn schon immer Hansestadt, ganz ohne offiziellen Zusatz. Berühmt ist die Atta-Höhle, eine Tropfsteinhöhle, die zu einem der größten zusammenhängenden Höhlensystemen Deutschlands zählt. Berühmt ist auch die Burg Schnellenberg, die größte und mächtigste Burganlage Südwestfalens. Doch das Besondere an Attendorn ist nicht die lange Handelstradition, nicht die Atta-Höhle und auch nicht die Burg. Eher schon, dass Attendorn erstmals in der Stiftungsurkunde eines Klosters, nämlich des Klosters Grafschaft, erwähnt wurde, dass der Stadt im Jahre 1222 unter dem Kölner Erzbischof Engelbert II. von Berg die Stadtrechte zugesprochen wurden und dass es eine Stadt mit überwiegend katholischer Bevölkerung ist, die zum Bistum Paderborn gehört. Noch einmal Wikipedia: „In der Region um Attendorn spielt Religion immer noch eine wichtige Rolle auch im gesellschaftlichen Leben. Das beste Beispiel sind die Osterbräuche, die jedes Jahr den Glauben in den Mittelpunkt der Aufmerksamkeit rücken."[1] Für diesen Wikipedia-Eintrag liefert die Mutter den lebendigen Beweis. Glauben und Heimatliebe verschmelzen bei den Osterfeierlichkeiten in Attendorn.

In der Mitte ihrer siebziger Jahre begann die Mutter, Gedichte in sauerländischer Mundart zu schreiben. Ein Buch mit vielen ihrer Gedichte hat ihr die Familie zum neunzigsten Geburtstag geschenkt. Das erste Gedicht trägt den Titel „Heymot", wie das Buch.

Wann mer äller wird, gott de Gedanken terügge,
Schlott tau jungen Johre ne Erinnerungsbrügge

Dohien, wo vi ase Kinner glückliek worn:
In unse Heymotstadt Attendorn.
Et Liawen hät uns verströgget wiet,
Oft weymaidig denket me vergangener Tiet.
Eyst in de Früömmede dait Heymweh riepen.
Heymot, dieck kann me blouß met dem Hiatten begriepen![2]

Übersetzung:
Wenn man älter wird, gehen die Gedanken zurück,
schlägt zu jungen Jahren eine Erinnerungsbrücke
Dahin, wo wir als Kinder glücklich waren:
In unserer Heimatstadt Attendorn.
Das Leben hat uns weit verstreut,
Oft denken wir wehmütig an die vergangene Zeit.
Erst in der Fremde reift das Heimweh.
Heimat, dich kann man bloß mit dem Herzen begreifen!

Hat die Mundart mit dem Gefühl von Heimat zu tun? Ist es die Sprache, die das Gefühl von Heimat ausmacht oder zumindest verstärkt? Dass man sich untereinander versteht, und zwar im Wortsinn? Mit der Konsequenz, dass man von ‚den anderen‘ nicht verstanden wird? ‚Wir verstehen uns‘, nicht nur hinsichtlich der Sprache? Was umgekehrt auch hieße, die anderen verstehen uns nicht, auch nicht bezogen nur auf die Sprache. Oder vielleicht anders herum? Fördert das Heimatgefühl die Entstehung und den Gebrauch einer Mundart?

Attendorn ist eine schöne Stadt, eine schöne Stadt wie viele andere schöne Städte in Deutschland. Warum hingen die tiefsten Gefühle der Mutter gerade an dieser Stadt? Das Buch von Hans-Bodo Thieme über Landrat Evers, dessen Sekretärin die Mutter von 1935 bis 1939 war, mag dabei helfen, sich dem tiefen Heimatgefühl der Mutter zu nähern. Die Heimatliebe ist nicht ohne ihren Katholizismus, und der Katholizismus nicht ohne ihre Heimatliebe zu verstehen. Hierzu Einträge zu den Osterfeierlichkeiten, an denen die Mutter bis ins hohe Alter teilnahm.

Am Osterabend durfte ich wie nahezu alle Jahre [...] zur Oster-
prozession in meine Heimat Attendorn. Die großen in Kreu-
zesform aufgeschichteten Feuer – wie sie so herrlich brannten
und weithin als Siegeszeichen des Auferstandenen leuchteten,
hunderte brennender Kerzen vor den Fenstern der Häuser am
Prozessionsweg, das strahlende Siegeszeichen hoch auf der
Kirchturmspitze; und die 4 Prozessionen, voran uralte Zunft-
kreuze, farbig erleuchtet, zogen von den vier Stadttoren aus zur
Kirche, alle und immer neu singend: „Das Grab ist leer, der Held
erwacht, der Heiland ist erstanden ..." Man meint, selbst der
Religionsfremdeste müsste von solchem Erlebnis der Glaubens-
freude, des Glaubenssieges ergriffen sein! Ich selbst muss bei
diesem Ostererlebnis immer gegen die Tränen ankämpfen, weil
einem das Herz zu zerspringen droht vor unbeschreiblichem und
ganz überirdischem Glück. Wenn die Seligkeit der himmlischen
Freuden solche Dimensionen erreicht, – ich müsste mich auf den
Tod freuen! Ihr Jungen, die ihr einmal diese Zeilen lesen werdet,
dürft – vielleicht ungläubig – staunen – aber bitte lacht nicht!

Leider wurde mir an diesem Osterabend auch bitter bewusst,
dass ich vom Alter her eine Ausnahme bin, die sich noch an
den Feierlichkeiten beteiligt: Ich fand zum ersten Male keinen
Bekannten meines Alters, und daher gab es auch kein herzliches
Wiedersehen unter dem Motto: „Weißt du es noch?" Attendorn,
geliebte Heimat, auf Wiedersehen?

Ähnlich empfindet der Sänger des Gedichts von Joseph von Eichendorff
in dem Lied von Robert Schumann.

In der Fremde.

Aus der Heimat hinter den Blitzen rot,
Da kommen die Wolken her,
Aber Vater und Mutter sind lange tot,

Es kennt mich dort keiner mehr.
Wie bald, ach wie bald kommt die stille Zeit,
da ruhe ich auch, und über mir
rauscht die schöne Waldeinsamkeit,
Und keiner kennt mich mehr hier.³

Ostern 1994

Das schönste und erinnerungsreichste Fest des Jahres in meiner Heimatstadt Attendorn! Dieses Jahr habe ich auf den alljährlichen Besuch der Osterabend-Prozession verzichtet und bin am Karsamstag mit Anja [Mutters Enkelin, C. W.] zur Semmelsegnung nach Attendorn gefahren. Welch' ein wunderschönes und erinnerungsreiches Erlebnis! [...] Der Semmel hat die Form eines Fisches mit an beiden Enden keilförmigen Einschnitten, so dass je zwei Hörner vorn und hinten entstehen. Bereits in den frühen christlichen Katakomben findet sich diese Brotform immer wieder und hat also eine altchristliche Bedeutung. Eine genaue Definition dieser Brotform ist (noch) nicht möglich gewesen. Die ganze Kirchplatzseite am Pfarrhaus dicht bevölkert und ein Meer von Ostersemmeln streckte sich dem Segen entgegen. Gebete und Lieder und ein hundertfaches „Frohe Ostern" nach allen Seiten – welch' ein Glück in unsern Herzen!

Ostern 1995

Es kam ganz nahe an ein Märchen heran: so beglückend, so unwahrscheinlich schön! Dabei befürchtete ich, aufgrund meiner zunehmenden körperlichen Bedingtheit gar nicht nach Attendorn fahren zu können. Zudem regnete es, wie vorhergesagt, nahezu ununterbrochen. Aber gegen Abend dann bekam der Regen wohl ein schlechtes Gewissen angesichts der vielen Fackelschwinger und Prozessionsteilnehmer: die Osterkreuze brannten, alle vier lichterloh, die Kirche war übervoll besetzt, und Gereon [der älteste Enkel, C. W.] war sichtbar angetan von so viel spürbarer Begeisterung und innerer Teilnahme. Ich hatte ständig meine Not, gegen die Tränen anzukämpfen. Immer wünsche ich mir am Osterabend, dass es im Himmel einmal so ergreifend schön sein möge, dass das Herz keinen Raum mehr hat für irgendeinen Wunsch, dass eine beglückende Gottesnähe unsere Herzen erfüllt und man nur schwer wieder in den Alltag eintaucht. Vielleicht finde ich einen Helfer?

Dies war das letzte Mal, dass die Mutter über Ostern in Attendorn schrieb, sie war damals knapp 82 Jahre alt. Den Wunsch, dass es im Himmel so schön sein möge wie Ostern in Attendorn, hat sie im Jahr 2000 in Verse gefasst:

> Wann veer Ousterkrüze lüchtend am Altore stott
> Un dusend Kehlen jubeln diam erstandenen Gott
> O Här des Himmels, jo du häs et schwor,
> Sall Dien Himmel schönder sin,
> As Oustern miene Heymot wor?[2]

Übersetzung:
Wenn vier Osterkreuze leuchtend am Altar stehen
Und tausend Kehlen jubeln dem erstandenen Gott,
Oh Herr des Himmels, ja, Du hast es schwer,
soll Dein Himmel schöner sein,
als Ostern meine Heimat war.

In der Mutter verschmelzen Glauben und Heimat zu einem großen, allumfassenden Gefühl, das sich vielleicht nur im Sauerland in dieser Ausprägung finden lässt. Ostern 1948 beschrieb sie dieses Gefühl, als sie sah, wie der Turm des „Sauerländer Domes" wieder aufgebaut wurde:

April 1948

„Unser" Turm wird wieder aufgebaut, der schöne vielbewunderte Zwiebelturm unseres altehrwürdigen Sauerländer Domes. Und sicherlich werden wir dann bald wieder Glocken haben, Heimatglocken, möchte ich sagen. Nirgendwo läuten sie ja so vertraut wie in der Heimat.

Hans-Bodo Thieme schrieb ein Buch über Herbert Evers, den Nationalsozialisten, von 1935 bis 1939 Vorgesetzter der Mutter. In seinem Buch nähert sich der Autor dem Heimatgefühl des Sauerländers und der Sauerländerin aus Evers Sicht. „Zudem ist davon auszugehen, dass Evers im Katholizismus nicht nur oder nicht primär die Amtskirche mit ihrer Hierarchie verstand, [...] sondern im ‚Katholischsein' ein Konstitutivum seiner sauerländischen Heimat sah – gewachsen in Jahrhunderten, prägend für die gesamte Bevölkerung, Hingabe und Aufopferung beinhaltend, Konformität und Stabilität gewährleistend, Individualismus und Liberalismus ablehnend; dazu ein tief innewohnendes religiöses Fühlen und Wollen, das seine Begründung und seinen Ursprung nicht zuletzt in den äußeren Rahmenbedingungen des Sauerlandes hat, insbesondere seiner geographischen Abgeschiedenheit, der Introvertiertheit seiner Bevölkerung und den äußerst kargen Lebensverhältnissen." Dazu Herbert Evers im Originalton: „Der Sauerländer hatte schon früh seine Eigenart empfunden. Wohl nirgends sind die Sitten und Anschauungen eigenartiger und sinniger, kaum anderswo haben sie sich in ihrer natürlichen Ursprünglichkeit mehr erhalten als in den stillen Tälern unserer hohen, von der Welt abgeschnittenen Berge. Ihre Bewohner haben dieses vielleicht früher nicht erkannt, gefühlt haben sie es immer."4

Wie leicht dieses Gefühl ins Völkisch-Nationale reicht, offenbart Evers an anderer Stelle. „Heimat, Brauchtum und religiöse Überzeugung sind dem Sauerländer untrennbare Begriffe. Heimatliebe erzeugt Schollenverbundenheit und hat seit alters her eine Fundgrube tiefinnerlicher Gebräuche und Sitten geschaffen, deren Krönung die sauerländische Nachbarschaft ist. Heimat, Brauchtum und religiöser Sinn bilden gerade die Grundlage für den Nationalsozialismus der Tat, von dem auch unsere sauerländischen Bauern [...] Zeugnis ablegten."4 Die „Einheit von Blut und Boden" sei „dem nordischen Menschen überhaupt, dem Sauerländer besonders gegeben." Dass dies den Ausschluss fremder Rassen ausschließt, liegt für Evers auf der Hand. „Nur der, der rassisch und gesundheitlich wertvoll ist und die Rückkehr zum Boden in sich trägt, wird als Siedler angesetzt."5

Das Heimatgefühl der Mutter hatte jedoch nichts mit Ausgrenzung zu tun. Nie hörte man von ihr, dass jemand nicht nach Attendorn passe, dass jemand nicht hier hingehöre, bis auf eine Ausnahme, „die Russen". Doch entsprang die Angst vor „den Russen" wohl eher dem Antibolschewismus der Katholikin als dem Willen, keine Fremden in der Heimat zu dulden. Zum Spannungsfeld zwischen Heimatliebe und Nationalismus äußerte sich Bundespräsident Steinmeier zum Tag der Deutschen Einheit 2017: „Verstehen und verstanden werden – das ist Heimat."

„Ich bin überzeugt, wer sich nach Heimat sehnt, der ist nicht von gestern. Im Gegenteil: Je schneller die Welt sich um uns dreht, desto größer wird die Sehnsucht nach Heimat. Dorthin, wo ich mich auskenne, wo ich Orientierung habe und mich auf mein eigenes Urteil verlassen kann. […] Die Sehnsucht nach Heimat – nach Sicherheit, nach Entschleunigung, nach Zusammenhalt und vor allen Dingen Anerkennung –, diese Sehnsucht dürfen wir nicht den Nationalisten überlassen."[6]

ANMERKUNGEN

1. *Attendorn.* at https://de.wikipedia.org/wiki/Attendorn (aufgerufen am 6. Juli 2019)
2. Josefine Wagener-Zeppenfeld, *Heymot. Gedichte aus Attendorn.* Attendorn, Frey Print + Media 2003
3. *In der Fremde.* at http://www.gopera.com/lieder/translations/schumann_039.pdf (aufgerufen am 6. Juli 2019)
4. Hans-Bodo Thieme, *Herbert Evers. Landrat des Kreises Olpe von 1933 bis 1945. Ein politisches Leben in Widersprüchen.* Schriftenreihe des Kreises Olpe Nr. 29, 2001, S. 114
5. Hans-Bodo Thieme, *Herbert Evers. Landrat des Kreises Olpe von 1933 bis 1945. Ein politisches Leben in Widersprüchen.* Schriftenreihe des Kreises Olpe Nr. 29, 2001, S. 150
6. *Die, die unser Land zusammenhalten.* Spiegel Online, 03.Oktober 2017. at http://www.spiegel.de/politik/deutschland/tag-der-deutschen-einheit-frank-walter-steinmeiers-rede-im-wortlaut-a-1171054.html (aufgerufen am 6. Juli 2019)

Danksagung

Bei der Recherche zum zeitlichen und regionalen Umfeld, in dem meine Mutter, mein Vater, meine Geschwister und ich selbst gelebt haben, haben mich zwei Personen besonders unterstützt. Meine Mutter war ihrer Heimatstadt Attendorn tief verbunden. Um ihre Liebe zu dieser Stadt und zum Sauerland zu verstehen, habe ich mich an den Stadtarchivar Attendorns, Herrn Otto Höffer, gewandt. Er hat mir Bücher empfohlen, die sich mit der Zeit des Nationalsozialismus im Kreis Olpe und im Sauerland befassen. Insbesondere das Buch von Hans-Bodo Thieme über Dr. Herbert Evers, den Landrat des Kreises Olpe, dessen Sekretariat meine Mutter von 1935 bis 1939 leitete, hat mir wichtige Hinweise gegeben.

Ein bedeutender Teil der Tagebücher meiner Mutter widmet sich der unmittelbaren Nachkriegszeit. In dieser Zeit war mein Vater Bürgermeister bzw. Gemeindedirektor der Gemeinde Eckenhagen im Oberbergischen Kreis. Im Rahmen einer Gebietsreform wurde Eckenhagen mit Denklingen und anderen Gemeinden im Jahr 1969 zur Gemeinde Reichshof zusammengelegt. Anfang 2018 habe ich mich an den Bürgermeister der Gemeinde Reichshof, Herrn Rüdiger Gennies, mit der Bitte gewandt, mir Einblick in das Archiv zu geben. Herr Gennies hat mir diese Bitte erfüllt und mich bei der Sichtung des Archivs tatkräftig unterstützt. Herrn Höffer und Herrn Gennies gilt mein besonderer Dank.

Danken möchte ich auch meiner Schwägerin Margot Wagener, meinem Bruder Peter und meinen Kusinen Karin Regese und Doris Lindner. Ihre informativen, kenntnisreichen, farbigen und oft auch bewegenden Berichte und Erzählungen haben in diesem Buch ihren Niederschlag gefunden.

Last, not least danke ich meiner Lebensgefährtin und Erstleserin Sybille Wahnschaffe für ihre hartnäckigen Nachfragen und kritischen, immer hilfreichen Anregungen. Schreiben ist ein Ringen um Worte und Inhalte, Sybille war mir eine ideale Ringrichterin.